AF452227

Le Poulailler

COMÉDIE EN TROIS ACTES

Représentée pour la première fois, le 3 décembre 1908,
au Théatre Michel, à Paris.

TRISTAN BERNARD

Le Poulailler

COMÉDIE EN TROIS ACTES

PARIS

LIBRAIRIE THÉATRALE, ARTISTIQUE & LITTÉRAIRE

11, BOULEVARD DES ITALIENS, 11

1920

Il a été tiré de cet ouvrage

5 exemplaires sur papier de Hollande.

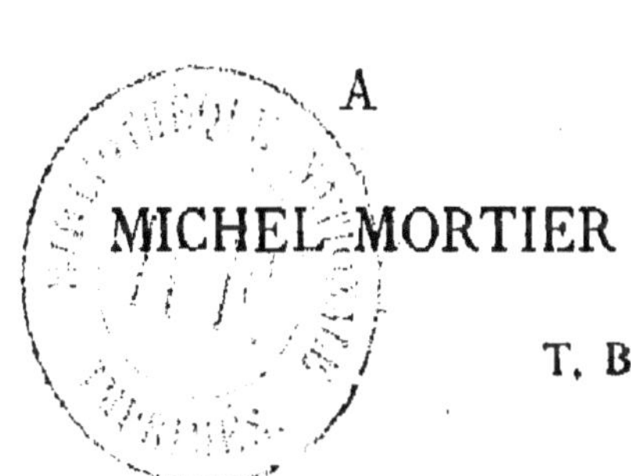

A

MICHEL MORTIER

T. B.

PERSONNAGES

BERTRAND . . . . MM. Pierre Magnier.
LÉONARD BERNARD . . . . Henry Burguet.
LE DOCTEUR . . . . Bouchez.
DOMINIQUE . . . . Keller.
FIRMIN . . . . Darbrey.

JACQUELINE . . . . Mᵐᵉˢ Jeanne Thomassin.
EMMELINE LE MASTIER . . . . . Renée Félyne.
VANINA . . . . Juliette Margel.
MADAME DE VERTAL . . . . . . Berthe Legrand.
IRMA . . . . Calvill.

LE POULAILLER

ACTE PREMIER

La scène est à Paris. Un fumoir, attenant à un cabinet de travail,
dans la garçonnière de Bertrand. Mobilier moderne. Aux murs, des
tableaux et quelques dessins d'architecte d'art. Grande porte au fond,
donnant sur un vestibule. Porte au deuxième plan, à gauche, donnant sur le cabinet de travail.

SCÈNE PREMIÈRE

LE DOCTEUR, BERTRAND, FIRMIN.

LE DOCTEUR.

Espèce d'idiot ! C'est comme ça que tu me déranges ? J'avais énormément à faire, ce matin.

BERTRAND, étendu sur un canapé.

Non, mon vieux, tu n'avais rien à faire. Il faudrait s'entendre. L'autre jour, tu es venu te plaindre que tes affaires ne marchaient pas. Est-ce
qu'elles marchent, tes affaires ?

LE DOCTEUR.

En ce moment, ça ne va pas trop mal.

BERTRAND.

Tu mens... Mon vieux, ne fais pas le malin avéc moi. Je sais très bien que tu n'as pas de clientèle. C'est immérité. Je sais que c'est immérité. C'est-à-dire que, si tu avais de la clientèle, tu le mériterais aussi bien que bien d'autres qui ne le méritent pas. Moi, je te préfère à tous les autres docteurs. C'est pour toi une satisfaction purement morale, puisque je ne te paye pas. Mais c'est toujours quelque chose. Sérieusement, aujourd'hui ne crois pas que je t'aie dérangé pour rien. Je t'ai fait venir pour quelque chose de très grave.

LE DOCTEUR.

Pour quelque chose de très grave? Alors, je n'ai rien à dire.

BERTRAND.

Voilà. Je crois... je crois que j'abuse des plaisirs de l'amour.

LE DOCTEUR.

Eh bien, tu en as du culot, mon vieux! C'est pour me dire ça que tu me déranges?

BERTRAND.

Mais c'est extrêmement grave...

LE DOCTEUR.

Imbécile! n'en abuse pas, voilà tout!

BERTRAND.

Tu crois que c'est facile de ne pas en abuser? J'ai deux maîtresses.

LE DOCTEUR.

Et une femme légitime!

BERTRAND.

Ma femme ne compte pas. Elle n'habite pas Paris et je ne vais jamais la voir.

LE DOCTEUR.

Comment ça?

BERTRAND.

Il y a... il y a aujourd'hui sept mois... que je me suis marié. Il y a donc six mois et trois semaines que j'ai quitté ma femme, à l'amiable d'ailleurs. Je suis parti à la fin de l'été dernier du château de Mongny, près de Chalon. Au bout de huit jours d'union, j'ai vu que ça n'allait pas. J'avais épousé une très jolie fille, intelligente et charmante, mais qui poussait des hurlements quand je l'embrassais.

LE DOCTEUR.

De sorte que jamais...

BERTRAND.

Si... le soir de mes noces... mais j'ai eu affaire à une créature résignée, à un être inerte...

LE DOCTEUR.

Ce n'était pas engageant...

BERTRAND.

Oh! j'étais suffisamment engagé comme cela. Lorsque j'ai décidé que quelque chose se fera, ça se fait, quelle que soit l'attitude de la personne. J'ai une volonté à quoi tout obéit...

LE DOCTEUR.

Toi, tout le premier.

BERTRAND.

C'est possible... Ma femme a donc été ma femme
pendant deux ou trois jours. Au bout de trois jours,
ça a commencé à me lasser... Et comme elle m'a
senti moins énergique, elle en a profité pour se
révolter et pour piquer des attaques de nerfs... Je
me suis fâché, elle aussi. Et puis nous nous sommes calmés, et nous avons décidé, avec un calme
plus effroyable que la plus vive colère, de nous séparer. Je l'ai donc laissée là-bas avec la seule pa-
rente qui lui reste, une tante à elle, qui l'a élevée
et qu'elle aime beaucoup. Nous nous écrivons toutes les semaines des petites lettres gentilles. Et,
ma foi, j'ai l'intention de m'en aller la voir demain,
et de passer avec elle quinze jours, un mois, le
plus longtemps possible.

LE DOCTEUR.

Quinze jours, un mois! Mais alors quoi, c'est le
repentir, le retour au foyer?

BERTRAND.

J'y rentre avec d'autres idées, avec des idées de
repos. Je vais y chercher une bonne amitié, de la
tranquillité, de l'abstinence. Ma femme est dans
le vrai, vois-tu... L'amour, c'est parfois agréable,
mais c'est trop fatigant.

LE DOCTEUR.

Et à la suite de quoi te sont venues tes idées de
sagesse?

BERTRAND.

J'ai deux maîtresses, te dis-je! Une seule maîtresse vous inspire souvent un grand désir de vertu. Mais deux maîtresses!

LE DOCTEUR.

Mais pourquoi as-tu deux maîtresses?

BERTRAND.

Je ne l'ai pas fait exprès... Non, j'ai fait exprès d'avoir chacune d'elles. Mais je n'ai jamais tenu à avoir les deux à la fois... La première, c'est une femme mariée...

LE DOCTEUR.

Je la connais.

BERTRAND.

Qui est-ce qui a pu te dire?

LE DOCTEUR.

Toi.

BERTRAND.

... Enfin, je te l'ai dit parce que tu dois être discret par profession.

LE DOCTEUR.

C'est une amie de ta femme?

BERTRAND.

Oui. Dès les premiers jours de mon séjour à Paris, elle est venue me voir, plusieurs fois, pas précisément de la part de ma femme ; elle voulait me remettre avec elle. Il y a des femmes qui ont la rage de vouloir remettre les ménages. Elle me rasait à me parler de ma femme. Pour changer la conversation, je lui ai fait du plat. Il faut te dire qu'elle est très jolie et très séduisante. Le résultat, c'est que nous n'avons pas changé de conversation, qu'elle me parle toujours de ma femme, mais pour m'empêcher de la rejoindre. Et la déveine, c'est que maintenant je voudrais y aller... Il n'y a pas au monde une femme aussi jalouse qu'Emmeline. Elle vous donne l'impression qu'avec elle on est bouclé pour la vie. A un moment, j'ai voulu à toute force me déboucler. Je n'ai vu qu'un moyen : prendre une autre maîtresse ; remplacer le fil qui m'attachait par un autre fil... De sorte que maintenant j'ai deux fils. J'ai rencontré dans le monde une jeune étudiante roumaine, — extrêmement ardente, oh ! oui, très ardente... Ce qui fait que je mène une vie insoutenable : j'abuse des plaisirs de l'amour.

LE DOCTEUR.

Eh bien, n'en abuse pas !

BERTRAND.

Il est tout le temps à répéter : n'en abuse pas ! C'est bien ce que je me dis aussi ! Et quand je dois voir une de mes maîtresses, je me fais toutes les recommandations. Je me dis : « Non ! non ! pas d'abus ! Aujourd'hui, on s'embrassera une petite fois, et puis on lira... On lira ensemble une œuvre reposante qui nous élèvera l'âme. » Note qu'avec l'étudiante roumaine, ça a commencé comme ça : nous avions de longues séances de lecture. Maintenant, elle ne veut plus rien savoir. Elle ne pense plus à élever son âme. Chaque fois donc que je dois

me rencontrer avec une d'elles, je me dis : « Je
vais être très sage. » Elles considèrent toujours
cela comme une offense personnelle. « Tu ne m'aimes plus ! » Elles font la tête. Moi, je ne peux pas
supporter qu'une femme fasse la tête. Pour la « ras-
séréner » je dépense toutes mes forces. Je m'an-
nihile, je ne travaille plus. Alors, qu'est-ce que
tu veux? Je vais retrouver ma femme.

LE DOCTEUR.

Eh bien, mon vieux, va retrouver ta femme.

BERTRAND.

C'est que j'ai besoin de toi pour ça.

LE DOCTEUR.

De moi ?

BERTRAND.

Oui, il faut que tu me donnes une consultation
en règle, et que tu m'écrives une ordonnance mo-
tivée, pour certifier officiellement que je file un
mauvais coton, et que, si je ne me mets pas au
vert, l'anémie cérébrale ou toute autre maladie
me guettent. Ce certificat est à l'usage d'Emmeline. L'autre, Vanina, est plus facile. Je lui ai déjà
annoncé la chose. Elle a un peu tiqué. Elle m'a
demandé des explications, — pour bien savoir où
j'allais, et pour être sûre que j'irais bien dans ma
famille. Puis elle m'a dit, deux ou trois jours après,
qu'elle avait, elle aussi, un voyage à faire, un
voyage forcé, chez des compatriotes à elle. De ce
côté, je suis donc paré. Reste Emmeline. Voilà huit
jours que j'essaye de lui en parler. Et je voudrais

partir ce soir... Il faut donc que tu me fasses un certificat.

LE DOCTEUR.

C'est très délicat, mon ami. C'est un certificat de complaisance.

BERTRAND, simplement.

Oui, de complaisance. C'est bien pour ça que je te le demande. Si je n'avais pas à faire appel à ta complaisance, je ne te dérangerais pas.

LE DOCTEUR, hésitant.

Mon vieux... mon vieux...

BERTRAND, impatient.

De quoi, mon vieux?... Il me semble que je suis l'idéal du client : tu n'as pas à m'examiner et à te creuser la tête; je te dis ce que j'ai. Tu n'as qu'à l'écrire sur du papier.

LE DOCTEUR.

Je vais t'examiner...

BERTRAND.

Ah! non! ah! non! Tu serais capable de me découvrir vraiment quelque chose... Il veut m'examiner! Quelle hypocrisie! Vis-à-vis de moi, il se donne l'air de ne pas vouloir dire de mensonges! Alors, pour ne pas dire de mensonges, il se persuadera que je suis vraiment malade, et je me le persuaderai aussi! Non, non, tu vas m'écrire ça, mais sans m'examiner. (Il lui met une plume dans la main et l'assoit à la table. Le docteur commence à écrire. Bertrant lisant par dessus son épaule.) Bien, très bien... Je n'y comprends rien... C'est très impressionnant.

FIRMIN, entrant.

Monsieur, c'est mademoiselle Vanina.

BERTRAND.

Vanina! (Au docteur.) Bon! elle n'est pas encore partie!

LE DOCTEUR, à Firmin.

Faites-la entrer ici que je la voie.

BERTRAND.

Non, mon vieux. Pas de ces curiosités. Je la fais entrer ici, mais pas pour que tu la voies. (A Firmin.) Faites entrer.

LE DOCTEUR.

Tu me présenteras.

BERTRAND.

Si tu veux.

LE DOCTEUR.

Quelle attitude aurai-je vis-à-vis d'elle? Je ne sais rien de ce qu'il y a entre vous?

BERTRAND.

Naturellement, mais je peux t'avoir parlé d'elle... vaguement...

Entre Vanina.

SCÈNE II

BERTRAND, LE DOCTEUR, VANINA, FIRMIN.

BERTRAND.

Vanina, voulez-vous me permettre de vous présenter mon ami, le docteur Cruhin.

LE DOCTEUR, cérémonieux.

Mademoiselle...

VANINA.

Monsieur... (S'approchant.) Le docteur Cruhin! Y
a-t-il longtemps que vous connaissez mon amant?

BERTRAND.

Voyons, Vanina!

VANINA.

Comment? tu ne l'as pas dit à monsieur?

BERTRAND.

Si... mais...

VANINA.

Eh bien, puisqu'il le sait? Dites-lui, docteur,
qu'il a tort de se frapper, et qu'il n'y a aucun dan-
ger à abuser des plaisirs de l'amour.

BERTRAND.

Voyons, Vanina!

VANINA.

Laisse...

LE DOCTEUR.

Ah! je ne dis pas ça! Précisément j'écrivais une ordonnance...

VANINA.

Oh! les hommes! ce que vous êtes regardants pour votre santé! Moi, je ne regarde pas. Petit ami, puisque tu t'en vas en voyage, on va se dire un petit adieu...

BERTRAND.

Adieu, adieu!

VANINA, à demi-voix.

Viens me dire un petit adieu!

BERTRAND.

...Oui. (Au docteur.) Excuse-moi, j'ai deux mots à dire en particulier à mademoiselle... un mot!

LE DOCTEUR.

Bien! bien! (Ils sortent.) Bien, bien, bien!

Le docteur continue à rédiger son ordonnance. Firmin passe la tête au bout d'un instant.

SCÈNE III

FIRMIN, LE DOCTEUR, puis LÉONARD.

FIRMIN.

Monsieur n'est pas là?

LE DOCTEUR.

Non, il est ici, à côté

FIRMIN.

Avec mademoiselle Vanina?... Ah! bon!... C'est un monsieur qui vient le voir. Vous le connaissez peut-être? C'est M. Léonard Bernard.

LE DOCTEUR.

Ah! Léonard? Faites-le entrer.

FIRMIN.

Entrez donc, monsieur.

LÉONARD.

Tiens, le docteur!

LE DOCTEUR.

Comment ça va, Léonard?

LÉONARD.

Est-ce que Bertrand est là?

LE DOCTEUR.

Oui, il est occupé. Il va venir.

LÉONARD.

J'ai hâte de le voir. Figurez-vous, docteur... oh! je peux bien vous raconter ça... un docteur... Vous connaissez Léontine?

LE DOCTEUR.

Oui, votre bonne amie.

LÉONARD.

Vous savez depuis combien de temps nous sommes ensemble?

LE DOCTEUR.

Pas exactement.

LÉONARD.

Quatorze ans. Elle avait trente-quatre ans et moi vingt ans. Maintenant, c'est moi qui ai trente-quatre ans, mais elle, elle ne les a plus... Or, depuis quatorze ans, entendez-vous, je suis fidèle à Léontine !

LE DOCTEUR.

Pas possible !

LÉONARD.

Ce n'est pas possible, mais cela est. Je ne l'ai jamais trompée.

LE DOCTEUR.

C'est très beau.

LÉONARD.

C'est très beau... Ce qui fait que c'est peut-être moins beau, c'est que c'est par trac. Oui, j'ai une peur d'elle effroyable. Or, la Providence a voulu que Léontine fût appelée à Munich, sa ville natale, pour des affaires de famille. Elle est partie hier soir pour trois semaines. Alors, moi, je veux en profiter. Je veux la tromper. Je veux connaître une jeune femme. Et je suis venu trouver Bertrand pour qu'il me présente à une amie. Je veux faire la fête avec lui.

LE DOCTEUR.

Vous tombez bien !

LÉONARD.

Vous dites ?

LE DOCTEUR.

Enfin vous lui en parlerez... Vous avez donc besoin de quelqu'un pour faire la fête ?

LÉONARD.

Mais oui. Depuis quatorze ans que je suis avec Léontine, j'ai perdu de vue toutes les femmes que je connaissais. Il y a bien trois ou quatre personnes auxquelles je pense... une petite actrice avec laquelle j'ai vaguement soupé un soir... Elle n'est pas à Paris en ce moment. Il y a encore une jeune maîtresse d'anglais qui venait chez mes parents donner des leçons à mon jeune frère. Je la vois quand je vais dans ma famille. Je lui ai fait un peu de plat. Mais je n'avais pas osé pousser la cour à fond, à cause de Léontine. Jamais je ne me suis risqué à embrasser cette jeune fille, parce qu'elle a cette mauvaise habitude de se fourrer des tas de parfums... Et je connais Léontine... Aussitôt que je rentre, elle me fait passer l'inspection... Elle me flaire la moustache... J'ai une sacrée moustache qui prend toutes les odeurs... Aussitôt que Léontine a été partie, j'ai couru chez ma mère, ravie de mon empressement. Je demande — dans la conversation — si la jeune Anglaise n'allait pas venir... Maman me dit que mon frère n'apprend plus l'anglais !... Une langue si utile !... Je demande, négligemment, où cette miss demeure. On ne savait pas... Quelquefois, la nuit, en embrassant Léontine, je m'imagine que je tiens dans mes bras la dame qui habite en face de chez nous, une femme mariée, une jolie blonde... à qui je n'ai jamais parlé. Il faudrait faire sa connaissance maintenant, flirter avec elle; or, d'après sa situation sociale probable, je suis sûr qu'elle ne succomberait pas d'ici trois semaines. Et moi, je suis dans une disposition d'esprit à ne souffrir aucun délai... Oui, voilà! L'ennui, le gros ennui, c'est qu'une fois Léontine partie, je n'ai pas de bonne amie toute prête sous la main, parce que tant que Léontine est là, à cause de la surveillance dont elle m'entoure, je ne peux pas en préparer une... Alors, n'est-ce pas? J'ai pensé à Bertrand pour me seconder. C'est mon ami le meilleur. Où est-il?

LE DOCTEUR.

Il est justement parti en conversation d'affaires avec un client... Tenez, le voilà!

SCÈNE IV

BERTRAND, LE DOCTEUR, LÉONARD.

BERTRAND.

Oh! Léonard! Bonjour, Léonard! (Au docteur.) Vanina est partie... et ç'a été un adieu... Tu vois, je suis déprimé. Je suis très content que tu sois là pour constater à quel point je suis déprimé. Il n'y a que la vue de Léonard qui me ragaillardisse un peu... Ah! mon vieux Léonard! quelle joie de te revoir! Tu arrives à point. Tu vas venir avec moi!

LE DOCTEUR.

Eh bien, moi, mes petits enfants, je suis obligé de vous quitter...

BERTRAND.

Oui, oui, fais semblant d'être pressé. Va retrouver tes malades, tes agonisants... au café...

LE DOCTEUR.

Je regrette de ne pouvoir assister à votre conversation. (A Bertrand.) Il a quelque chose à te demander, ton ami Léonard... Tu verras! Tu verras!

Il sort en leur faisant un signe d'amitié.

SCÈNE V

BERTRAND, LÉONARD.

BERTRAND.

Eh bien, mon vieux! Te voilà? Enfin, j'ai un ami! Un ami homme! Il y a joliment longtemps que ça ne m'était pas arrivé...

LÉONARD.

Et à moi donc! Tu sais, je suis tout à toi. Ma maîtresse est partie pour trois semaines...

BERTRAND.

Veinard!

LÉONARD.

Alors, tu comprends, je veux en profiter. Et je compte sur toi...

BERTRAND.

Je te crois! Nous allons passer un mois ensemble. Oh! que je suis content de passer un mois avec toi!

LÉONARD.

Et moi donc!... On va faire la fête, hein ?

BERTRAND, le regardant.

La fête?... La fête ?... Qu'est-ce que tu dis là?

LÉONARD.

Eh bien, oui! Léontine est partie! Je suis libre !

BERTRAND.

Tu veux en profiter pour faire la fête? Tu n'en profites pas pour aller à la campagne ? Pour te reposer tranquillement ? Tu es débarrassé d'une femme — providentiellement — et tu vas en chercher une autre?

LÉONARD.

Mais je te crois!

BERTRAND.

Je ne peux pas te croire. Comment, mon vieux, tu ne sens pas le plaisir de passer de longues heures avec un ami comme moi, de causer, de s'exalter ensemble sur des sujets d'art, avec la satisfaction de penser que ça ne se terminera pas par des gesticulations ridicules et fatigantes... Oh! mon ami! se promener ensemble dans les allées d'un jardin, se sentir puissant, sain d'esprit, et le soir, après une longue conversation sous les étoiles, remonter se coucher chacun chez soi et trouver un bon lit où l'on est seul!

LÉONARD, qui a écouté patiemment.

Mon ami! Mon ami! Je t'assure qu'en ce moment je pense à tout autre chose. Depuis que Léontine est partie, je suis dans un état d'exaltation absolument fou ! Je suis allé la reconduire hier soir à la gare et en revenant, dans la rue... tiens, je suis justement venu chez toi parce que je voulais te voir, hier soir...

BERTRAND.

Oui, j'étais sorti. J'étais avec une de ces dames. Ah ! ah ! nous avons dîné au restaurant où je n'ai pas profité d'un excellent souper parce que j'avais tout le temps cette personne pendue à mon cou... où j'ai mangé froides d'excellentes choses qui demandaient à être mangées chaudes... Et, finalement, j'ai troublé ma digestion par ces exercices, toujours les mêmes, anti-hygiéniques et absurdes.

LÉONARD.

... Je suis donc venu devant ta maison. Ta concierge m'a dit que tu n'étais pas rentré dîner, et, en m'en allant tristement dans la rue, car je ne savais pas où passer la nuit — je l'ai passée chez moi tout seul — en m'en retournant, j'ai vu devant ta porte deux amoureux qui s'embrassaient... Ce spectacle m'a passionné comme au temps de ma jeunesse ! C'était un petit jeune homme et une petite bonne du quartier, assez gentille... Ils étaient exquis !

BERTRAND.

Ils étaient dégoûtants !

LÉONARD.

Exquis ! exquis !

BERTRAND.

Décidément, nous ne voyons pas les choses de la même façon.

LÉONARD.

Mon petit Bertrand, nous allons passer une soirée ensemble et tu vas me présenter une petite amie !

BERTRAND.

Mais enfin, tu es extraordinaire ! Quel métier veux-tu me faire faire là ! Non, mon ami ! Je ne te présenterai à personne. Ne compte pas sur moi.

LÉONARD.

Oh ! je suis très déçu. Qu'est-ce que tu veux ? je faisais fond sur ton amitié. Je n'avais pas d'autres ressources... Je vais m'en aller. Au revoir, mon vieux.

BERTRAND.

Tu vas t'en aller ?

LÉONARD.

Eh bien, oui... Puisque tu ne t'occupes pas de moi ?

BERTRAND.

Non, non, mon ami, tu ne t'en iras pas ! Ce ne sont pas des manières, ça ! Qu'est-ce que tu veux, en somme ?

LÉONARD, têtu.

Je veux connaître des femmes, de jeunes femmes. Pour le moment, je suis un peu blasé sur les charmes de la femme mûre. (Obstiné.) Je veux connaître de jeunes femmes !

BERTRAND.

Eh bien, mon ami, je t'en ferai connaître! Tu vas venir chez moi, à la campagne. Il y a, dans les environs, de très gentilles femmes que je ne verrai pas, que je fuirai comme le feu, mais que je te ferai voir à toi.

LÉONARD, anxieux.

Enfin, quelle sorte de femmes? Des femmes du monde?

BERTRAND.

Du meilleur monde.

LÉONARD, navré.

Mais ce n'est pas ce qu'il me faut, mon ami... Je n'ai que trois semaines à moi! Je n'obtiendrai rien de ces dames avant trois semaines! Je ne suis pas comme ces gens qui ont l'éternité devant eux : Léontine ne me laisse que trois semaines de vacances!

BERTRAND.

Eh bien, écoute. Là-bas, tu vas faire la cour à des femmes du monde. Il n'est pas dit du tout que tu mettras trois semaines pour arriver à tes fins. Je sais bien qu'avec ton ardeur actuelle, un peu bouillonnante, tu risques fort d'être maladroit... Mais enfin, il y a certaines personnes près de qui cette ardeur même pourra te servir... Quoi qu'il en soit, tu sais que j'habite très près de Chalon, et pas trop loin de Lyon, en automobile. A Lyon, je connais deux ou trois dames, tout à fait avenantes, avec qui il ne sera pas question d'un stage de

trois semaines, mais d'une dizaine de minutes tout
au plus...

LÉONARD.

Mais, dis donc, en attendant les personnes de
Lyon, je voudrais bien en connaître une à Paris..

BERTRAND.

A Paris, je n'ai personne sous la main. Voilà
quelque temps que je suis en dépendance et, comme
toi, je n'ai aucun loisir pour faire de nouvelles
connaissances. Je n'ai donc à te recommander aucune personne de confiance... car je suppose, naturellement, que c'est cette question-là qui te
préoccupe, et que tu veux, en t'amusant, éviter
tout désagrément dont toi, puis Léontine, pourriez
avoir à souffrir... Alors, nous partons ce soir?...

LÉONARD.

Mais, mon vieux...

BERTRAND.

Nous partons ce soir... Nous prenons nos places
en sleeping et nous arriverons demain matin à
Chalon. L'auto nous attendra et nous conduira au
château.

LÉONARD.

Ecoute. Nous arriverons dans la nuit à Chalon...
Ce serait beaucoup plus intelligent de pousser jusqu'à Lyon...

BERTRAND.

Il tient à Lyon, cet animal-là ! Je te déclare qu'il
m'est complètement impossible d'aller à Lyon.
D'abord, parce que, demain matin, de sept à huit,

j'ai rendez-vous avec des fermiers... Je vais m'oc-
cuper d'agriculture d'une façon sérieuse.

LÉONARD.

Eh bien, qu'est-ce que tu veux? Si tu me promets...

BERTRAND, chantonnant.

Je te promets mille délices!

LÉONARD.

Je vais aller faire ma malle.

BERTRAND.

Donne un coup de téléphone chez toi. Qu'est-ce
que tu vas faire maintenant? Où vas-tu passer ces
quelques heures avant notre départ?

LÉONARD.

Oh! je ne sais pas... Je suis énervé... Il n'y a
qu'une chose qui me réussisse dans ce cas-là ; c'est
de dormir. Je vais dormir chez moi.

BERTRAND.

Non. Tu vas dormir ici, quand tu auras télé-
phoné à ton domestique de faire ta malle et de
l'apporter. Comme tu n'as rien à faire chez toi, tu
vas m'attendre ici. Tu trouveras dans mon cabinet
de travail... un lit de repos. Tu vas t'y étendre en
attendant l'heure de notre départ.

LÉONARD.

Mais pourquoi n'allons-nous pas faire un tour
ensemble?

BERTRAND.

J'attends une dame, puisqu'il faut tout te dire.

LÉONARD, suffoqué.

Il est admirable! Il attend une dame, lui!

BERTRAND.

J'attends une dame, mais c'est pour me séparer
d'elle. Je vais lui annoncer mon départ. C'est un
mauvais petit moment à passer: je m'en console
en pensant qu'après ce mauvais petit moment j'aurai des semaines admirables de tranquillité dans
le château de mes pères, — ou plutôt de mes beaux-
pères, car il appartient à la famille de ma femme...

FIRMIN, entrant.

Monsieur...

BERTRAND, inclinant la tête.

Bien.

Firmin sort.

LÉONARD.

Qu'est-ce que c'est?

BERTRAND.

Ça veut dire que cette personne est là. Veux-tu
passer dans mon cabinet?

LÉONARD.

Tu vas la recevoir ici?

BERTRAND.

Oui, mon ami.

LÉONARD.

Ecoute, vraiment, c'est effrayant de penser que
je suis dans un tel état et qu'à deux pas de moi...

BERTRAND.

Oh! mais tu n'as pas besoin d'avoir peur...

2.

LÉONARD.

Enfin, quoi, tu vas la caresser?

BERTRAND.

Ne crains rien. C'est une scène d'adieu déchirante. Mais va-t'en! J'ai hâte que ça soit fini. On se donnera des noms très gentils, car elle a la rage de me donner des noms gentils...

LÉONARD.

Moi, j'accepterais d'une femme n'importe quel nom en ce moment...

BERTRAND.

Va-t'en! Va-t'en! Disparais de ma vue!

Il le pousse pendant qu'il va ouvrir à Emmeline. Emmeline
entre. Il la presse dans ses bras.

SCÈNE VI

EMMELINE, BERTRAND.

BERTRAND.

Bonjour, petit chéri!

EMMELINE.

Bonjour, petite chérie!

Il s'embrassent. Au bout d'un instant :

BERTRAND.

Mon petit chéri, je suis bien embêté.

EMMELINE.

Qu'est-ce que c'est, ma petite?

BERTRAND.

Mon petit, le docteur sort d'ici.

EMMELINE.

Le docteur? Ton ami Cruhin?

BERTRAND, protestant.

Mon ami! Mon ami! C'est un ancien camarade, mais enfin ce n'est pas un ami intime!

EMMELINE.

Mais qu'est-ce qu'il t'a dit, le docteur?

BERTRAND, sérieux.

Eh bien, il dit que ça ne va pas.

EMMELINE.

Mais, ma petite mignonne, tu as une bonne figure, tu as une mine excellente.

BERTRAND.

Oui, oui. J'ai une bonne figure, j'ai une mine excellente... C'est ça qui l'inquiète le plus.

EMMELINE.

Qu'est-ce que c'est que ce docteur-là, qui s'inquiète parce que tu as bonne mine?

BERTRAND, grave.

Quand on a ce que j'ai, c'est très mauvais d'avoir bonne mine.

EMMELINE.

Qu'est-ce que tu as? Qu'est-ce qu'il t'a trouvé?

BERTRAND.

C'est dans la cervelle, si tu veux le savoir...

EMMELINE.

Oh! bien, la petite, ce n'est rien du tout. C'est
une maladie imaginaire.

BERTRAND.

Tu es extraordinaire! Une maladie imaginaire!
C'est une maladie très grave, et Cruhin, qui est
un garçon très rassis, très modéré, et en même
temps très franc, ne me l'a pas caché. Et il n'hé-
site pas à me faire faire un traitement de rigueur.
Je t'avoue, entre nous, que ma maladie je m'en
fiche comme de l'an quarante! Qu'est-ce que ça
peut me faire? A supposer que je claque, je ne
m'en apercevrai même pas.

EMMELINE.

Ne dis pas des choses pareilles.

BERTRAND.

Tu me crois donc bien malade?

EMMELINE.

Non, je ne te crois pas malade, mais ne me dis
pas des choses pareilles!

BERTRAND.

Du moment que je ne souffre pas, cela m'est
complètement égal d'être malade.

EMMELINE.

Mais il ne faut pas que ça te soit égal, ma petite!

BERTRAND.

Ça m'est complètement égal. La seule chose qui
me navre, qui me coupe bras et jambes, c'est de
penser au traitement qu'il me prescrit...

EMMELINE.

Quel traitement?

BERTRAND.

Il faut, de toute nécessité, que je quitte Paris...

EMMELINE.

Que tu quittes Paris?

BERTRAND.

Sans retard.

EMMELINE.

Eh bien, je vais m'arranger... Nous allons quitter Paris.

BERTRAND.

Oh! mais, mon petit, s'il s'agissait de quitter Paris avec toi, de m'en aller avec toi, tu te figures que je serais triste comme ça?

EMMELINE.

Mais quoi?

BERTRAND.

Mais c'est précisément de toi qu'il faut me séparer maintenant.

EMMELINE.

De moi?

BERTRAND, prend sur le bureau l'ordonnance et la lui montre.

Regarde!

EMMELINE, lisant, tout bas.

C'est effrayant! Je ne comprends pas très bien, mais c'est effrayant! Mais, ma petite, je ne peux pas me séparer de toi!

BERTRAND.

Mais moi non plus, je ne peux pas me séparer

de toi... Tant pis! Il arrivera ce qui arrivera! Il
faut s'aimer, il n'y a que l'amour! Trois semaines de vie intense valent mieux que de longues
années vides et sans amour.

EMMELINE.

Tu as raison.

BERTRAND.

Trois semaines de vie intense et — je ne sais
pas si tu me comprends bien — après, c'est fini...
Je ne sais pas ce qu'il arrivera de moi... ce ne sera
pas la disparition subite, ce sera la petite voiture...

EMMELINE.

La petite voiture?

BERTRAND.

... Le gâtisme...

EMMELINE.

Oh! je ne peux pas croire ça!

BERTRAND.

Moi non plus, je n'y crois pas!

EMMELINE.

Alors, si nous n'y croyons ni l'un ni l'autre...
Ecoute, j'ai trouvé un moyen de tout arranger.
Puisqu'il faut se quitter, on se quittera, qu'est-ce
que tu veux? Tu vas partir deux jours à Saint-
Germain...

BERTRAND.

Non. J'aime mieux ne pas te quitter, à ce compte-
là!

EMMELINE.

Comment, tu aimes mieux ne pas me quitter?

BERTRAND.

Je veux dire que ce n'est pas la peine que je te quitte pour un traitement purement illusoire. Deux jours ne suffiront pas.

EMMELINE.

Eh bien, alors, que veux-tu? Va passer quelques semaines à la campagne... Mais ce n'est pas la peine que tu ailles auprès de ta femme.

BERTRAND.

Voyons, il n'y a qu'auprès de ma femme que je serai en sûreté, tu sais pourquoi. C'est curieux que tu ne comprennes pas ça. Tu sais que je te suis fidèle? Il n'y a pas d'homme plus fidèle que moi. Mais avec mon tempérament que tu connais...

EMMELINE, hochant la tête.

Oui.

BERTRAND.

Enfin, tu me connais? Il n'y a pas à faire : oui! comme ça, d'un ton dédaigneux... Avec mon tempérament, je peux rencontrer des occasions à la campagne, tandis qu'auprès de ma femme, je suis tranquille.

EMMELINE.

Tu crois que huit jours ce ne serait pas assez?

BERTRAND.

Je ne te dis pas ce que le docteur m'a dit : le docteur m'a dit trois mois...

EMMELINE.

Trois mois !

BERTRAND.

Mais j'ai été le premier à lui dire : j'aime autant
n'importe quoi... j'aime autant claquer !

EMMELINE, émue.

Ne dis pas ça, ma mignonne !

BERTRAND.

Alors, j'ai transigé pour quarante jours. Il m'a
dit qu'avec quarante jours de repos absolu, je pourrais m'en tirer. J'ai été un peu ébranlé par ce qu'il
m'a dit... Mais depuis que je te revois, je sens que
je n'aurai pas le courage de m'en aller quarante
jours...

EMMELINE.

Oh ! c'est ennuyeux ! c'est ennuyeux ! Tu devrais
voir un autre docteur...

BERTRAND.

J'en ai vu deux autres la semaine dernière. Je
puis te le dire maintenant. Je ne pouvais pas les
croire, et j'ai fait venir Cruhin parce que je sais
qu'il me connaît depuis mon enfance... et c'est
énorme d'avoir un docteur qui vous connaisse,
Cruhin a été aussi affirmatif que les autres. Mais je
m'en fiche de tout ce qu'il peut me dire : je reste
avec toi, mon petit chéri !

EMMELINE.

Non ! Il faut t'en aller ! Qu'est-ce que tu veux ?
Il faut t'en aller ! Qui sait ? Peut-être qu'au bout
d'une quinzaine de jours, tu te sentiras un peu
mieux.

BERTRAND.

Oui. Au bout d'une quinzaine de jours, je ne dis

pas que j'irai bien, mais je ferai revenir Cruhin,
et peut-être abrègera-t-il ma pénitence...

EMMELINE.

... Et nous nous quitterions comme ça?

BERTRAND.

Nous ne nous quitterons pas comme ça... Nous
avons deux ou trois heures avant le départ du
train... pour nous faire de petits adieux gentils.

EMMELINE.

Ma petite, je ne peux pas te quitter comme ça.

BERTRAND.

Mais moi non plus.

EMMELINE.

Ecoute. C'est un peu précipité. Mais, comme
mon mari n'est justement pas là, il y a une combinaison tout-à-fait possible : tu sais que ma belle-
mère habite près de Montélimar. On prends le
train pour Chalon? Eh bien, si tu veux, je vais
prendre le train avec toi. Nous arriverons à Chalon vers deux heures du matin, nous passerons
encore ensemble un bon reste de nuit, et nous nous
quitterons le matin. Je prendrai le train dans la
direction de Montélimar vers midi, et toi, tu t'en
iras chez toi.

BERTRAND.

C'est très gentil. C'est une idée étonnante, ça.
Je suis très content, moi. Mais qu'est-ce que je vais
faire de Léonard?

EMMELINE.

Léonard?

BERTRAND.

Oui, mon ami Léonard, que j'emmène à la campagne. Il est dans la chambre à côté. Précisément, pour me distraire, pour avoir une distraction qui ne te porte pas ombrage, je lui ai proposé de venir m'accompagner là-bas.

EMMELINE.

Je n'aime pas beaucoup les amis pour toi.

BERTRAND.

Oh ! celui-ci, tu ne le connais pas. C'est le garçon le plus tranquille qui existe, le plus sage... L'austérité même...

EMMELINE.

Eh bien, que veux-tu ? il nous accompagnera dans le train. Il ne nous gênera pas, puisqu'il y a tant d'autres personnes qui nous gêneront ! A Chalon, on s'arrangera. On prendra trois chambres, de façon qu'il ne s'aperçoive de rien. Tu me rejoindras. Ça va ?

BERTRAND.

Si ça va ! Si ça va ! Ça sera exquis ! D'autant plus que je me dirai que je me reposerai après.

Il la prend dans ses bras et l'embrasse.

EMMELINE.

Ma petite chérie ! Ma petite chérie !

BERTRAND.

Il faut tout de même que je te présente Léonard. Seulement, je crois qu'il dort. (Il va avec précaution ouvrir la porte par où est sorti Léonard.) Non, il ne dort pas ! Il est assis sur mon lit, tristement... Léonard !

Entre Léonard.

SCÈNE VII

LÉONARD, BERTRAND, EMMELIME.

BERTRAND, présentant.

Mon ami Léonard, madame Le Mastier, qui est
une amie de ma femme et qui, justement, va prendre le même train que nous, ce soir, pour aller
avec nous jusqu'à Chalon.

LÉONARD.

Est-ce que tu as télégraphié pour l'automobile,
là-bas ?

BERTRAND.

Non, je vais télégraphier que l'automobile ne
vienne nous prendre que demain matin à dix heures, à l'hôtel de Chalon, parce que nous sommes
fatigués, et nous passerons la nuit à l'hôtel, en
descendant à Chalon. Madame Le Mastier va justement par là.

LÉONARD.

Vous passerez également la nuit à l'hôtel, madame Le Mastier ?

EMMELINE.

Oui. Je crois que l'hôtel est assez bon.

LÉONARD.

Voilà qui est parfait. (A Bertrand.) Mais ton rendez-vous avec tes fermiers ?

BERTRAND.

Je donnerai contre-ordre... je donnerai contre-ordre...

LÉONARD, à mi-voix.

Eh bien, on pourrait coucher à Lyon ?

BERTRAND.

Impossible !

LÉONARD, à part, à mi-voix.

Mais alors tu vas passer la nuit avec elle, à côté de moi?... Je ne vais pas pouvoir dormir...

BERTRAND.

Si ! Si ! tu dormiras. Et puis, tu t'es reposé tout à l'heure...

LÉONARD.

Mais non, mon cher, j'ai pensé qu'il y avait une femme dans la chambre à côté...

EMMELINE.

Eh bien, monsieur Bertrand, je m'en vais. On se retrouvera pour dîner au buffet de la gare ?

BERTRAND.

C'est entendu. Mais je vais vous reconduire, madame.

Il sort avec Emmeline. Léonard les suit jusqu'à la porte, les regarde un instant par la porte entre-bâillée. Il revient à l'avant-scène avec des gestes exaspérés et énervés.

LÉONARD.

Oh ! Oh ! Oh ! Oh ! Ils s'embrassent! C'est intolérable !

Rideau.

ACTE DEUXIÈME

La scène représente un salon élégant, dans un château. Au fond,
à droite et à gauche, deux larges portes sans battants donnant sur
un perron. Vue sur un parc. A droite, premier plan, porte condui-
sant à la chambre de Jacqueline. A gauche, premier plan, porte sur
la chambre de Bertrand. Au deuxième plan, à gauche, porte vitrée,
avec un store à mi-hauteur donnant sur la bibliothèque.

SCÈNE PREMIÈRE

MADAME DE VERTAL, puis DOMINIQUE.

MADAME DE VERTAL.

Dominique ! C'est votre nom, n'est-ce pas ?

DOMINIQUE.

Oui, Madame.

MADAME DE VERTAL.

Quelle heure est-il ?

DOMINIQUE.

Je ne sais pas, Madame. Je n'ai pas de montre.

MADAME DE VERTAL.

On voit que vous êtes nouveau dans la maison.
Quelle heure est-il à la boîte ?

DOMINIQUE.

Plaît-il, madame ?

MADAME DE VERTAL, fait un geste d'impatience et se lève.

Tenez, quand on veut savoir l'heure ici, on va
à la fenêtre. On regarde la boîte aux lettres. Du
moment que les journaux n'y sont pas, c'est que
le facteur n'a pas passé. Alors, comme le facteur
passe à trois heures un quart, vous pouvez me répondre : « Madame, il n'est pas encore trois heures
un quart à la boîte. » Ça n'est que très approxi-
matif, mais c'est utile tout de même.

DOMINIQUE.

Je demande pardon à Madame, mais y a donc
pas de pendule dans la maison ?

MADAME DE VERTAL.

Si, deux vieilles pendules de famille, d'un très
grand prix. Seulement, il y en a une qui a un
mouvement et pas d'aiguilles, — et celle qui a des
aiguilles n'a pas de mouvement... L'automobile
est partie à quelle heure pour Chalon ?

DOMINIQUE.

Selon les instructions de Monsieur, Madame, elle
est partie ce matin à huit heures ; elle a dû être
vers dix heures à Chalon.

MADAME DE VERTAL.

Seulement, comme Monsieur a télégraphié qu'il

déjeunerait là-bas, il n'a dû s'en aller de là que vers une heure ou une heure et demie. Avez-vous préparé sa chambre ?

DOMINIQUE.

Je l'ai dit à madame Bertrand. Alors Madame a dit qu'elle s'en occuperait elle-même.

MADAME DE VERTAL.

Comment ? Ma nièce a dit qu'elle s'en occuperait ? Où est-elle, ma nièce ?

DOMINIQUE.

Elle est dans la bibliothèque, Madame.

MADAME DE VERTAL.

Qu'est-ce qu'elle fait dans la bibliothèque ?... Allez donc dire au concierge que, quand l'automobile arrivera à la grille, il s'interrompe un instant de boire et qu'il sonne pour nous prévenir.

DOMINIQUE.

Que Madame m'excuse, mais il ne boit pas tout le temps.

MADAME DE VERTAL.

Non, évidemment. Il y a des moments où il dort. Allez !

Exit Dominique.

SCÈNE II

MADAME DE VERTAL, puis JACQUELINE

MADAME DE VERTAL, allant à la porte.

Jacqueline !

JACQUELINE.

Ma tante ?

MADAME DE VERTAL.

Qu'est-ce que tu fais dans la bibliothèque ? Un endroit où personne ne va jamais.

JACQUELINE.

Je lis.

MADAME DE VERTAL.

Singulière idée !

JACQUELINE.

Oui. Je lis pour tromper mon impatience. Ça m'énerve toujours d'attendre. Est-ce que mon mari ne devrait déjà pas être là ?

MADAME DE VERTAL.

Qu'est-ce que me raconte le nouveau domestique ? Il me dit que tu n'as pas voulu qu'on prépare la chambre de Bertrand ? que tu la préparerais toi-même ?

JACQUELINE.

Oui, ma tante. Et je puis te le dire : j'ai pris une grande résolution.

MADAME DE VERTAL.

Quelle résolution ?

JACQUELINE.

De ne pas faire préparer de chambre pour mon mari et de lui préparer la mienne.

MADAME DE VERTAL, la regardant en souriant.

Tu me stupéfies !

JACQUELINE.

Ma tante, je t'ai prise cet hiver comme confidente
et je ne t'ai rien dit depuis. Je ne t'ai pas tenue au
courant des changements qui s'étaient faits en moi...
D'abord, parce que ces changements me faisaient
un peu honte... Et, ensuite, avant de t'en parler, je
voulais être sûre qu'ils s'accomplissent complètement... Tu sais quelles scènes abominables j'ai eues
avec Bertrand au début de notre mariage! et tu
sais que, quand il m'a prise dans ses bras, j'ai res-
senti une horreur...

MADAME DE VERTAL.

Incompréhensible.

JACQUELINE,

Eh bien, ma tante, figure-toi que, depuis... j'ai
pensé à ces scènes... je les ai revécues. Or, chaque fois que j'y repensais et que je les revivais,
elles m'apparaissaient de moins en moins horribles.
Et, il y a quelques semaines, je me suis avoué avec
un peu de surprise que, ces scènes affreuses, je les
évoquais très souvent. Or, je ne sais pas si tu en
as fait l'expérience; mais, à force d'évoquer des
souvenirs, on les use: ils finissent par n'avoir plus
la même force. Alors, que te dirai-je? Quand j'ai
reçu la lettre de mon mari nous annonçant sa venue
probable, j'ai senti en moi un sentiment nouveau
que je ne puis définir exactement... C'était peut-
être le besoin de renouveler ma provision de souvenirs. J'ai passé certainement d'affreux moments
au début de mon mariage. Eh bien! je commençais

à trouver le temps long après ces affreux moments. Et j'ai des remords... Mon mari s'était montré un peu brutal avec moi, mais je lui en ai peut être trop voulu de sa brutalité. Je n'ai pas osé lui dire ça dans mes lettres. J'avais envie de lui écrire des lettres gentilles et expansives, et puis, je n'osais pas. Alors, que veux-tu? J'ai été très contente d'apprendre qu'il revenait et, comme j'ai voulu lui donner tout de suite la preuve que j'avais changé, eh bien... je ne lui ai pas fait préparer de chambre à part, et je l'attendrai dans la mienne. !

MADAME DE VERTAL.

Il va être heureux !

JACQUELINE.

Je le crois...

MADAME DE VERTAL.

Moi, je suis très contente de ça... Ecoute, ma petite, je vois qu'il n'arrive pas, je m'en vais faire ma sieste. La nouvelle demoiselle de compagnie va me lire le journal.

JACQUELINE.

Elle est très gentille, cette fille. Mais c'est dommage qu'elle ne reste qu'un mois ici.

MADAME DE VERTAL

Mais oui, n'est-ce pas? elle remplace son amie. Quand l'autre aura pris ses vacances, elle reviendra à la maison, et je t'avoue que moi j'aurais bien gardé sa remplaçante, car elle est plus agréable et plus gentille. Et très réservée avec ça. (Elle appelle.) Mademoiselle !

Entre Vanina.

SCÈNE III

VANINA, JACQUELINE, MADAME DE VERTAL.

VANINA, à madame de Vertal.

Madame, vous avez besoin de moi?

MADAME DE VERTAL.

Oui, mademoiselle. Vous serez bien aimable de
me lire le journal. Mais ne vous étonnez pas si je
m'endors au milieu de votre lecture et continuez
même pendant quelque temps. Sans cela, je me ré-
veillerais.

VANINA.

Oh! le journal sera vite lu, madame. Je l'ai par-
couru déjà à votre intention. Il n'y a rien d'inté-
ressant, aujourd'hui : un assassinat sans importance
et pas un seul satyre.

MADAME DE VERTAL.

Tant mieux! Je dormirai plus vite. Quand vous
me verrez bien dormir, vous pourrez aller vous
promener, visiter le pays.

VANINA.

Oh! madame! j'aurai le temps plus tard puisque
je suis ici pour un mois.

On entend sonner.

JACQUELINE.

Qu'est-ce que c'est?

MADAME DE VERTAL.

C'est le coup de cloche du jardinier. C'est l'auto qui arrive.

JACQUELINE.

C'est l'auto !

VANINA, malgré elle.

C'est l'auto !

MADAME DE VERTAL.

Je vais te laisser avec ton mari pour les premières effusions. (A Vanina.) Mademoiselle...

VANINA, troublée.

Nous n'attendons... Vous n'attendez pas l'arrivée de votre neveu ?

MADAME DE VERTAL.

Non, non. Je le laisse avec sa femme pour les premières effusions. Venez !

Elle sort, suivie de Vanina inquiète.

SCÈNE IV

BERTRAND, entrant, suivi de LÉONARD, puis JACQUELINE.

BERTRAND, s'arrête, un peu gêné, en voyant Jacqueline.

Jacqueline !

JACQUELINE.

Bertrand !

BERTRAND.

Vous allez bien ?

Il lui donne la main.

JACQUELINE.

Très bien, mon cher Bertrand.

Ils restent quelques instants sans rien dire.

LÉONARD, à Bertrand.

Présente-moi.

BERTRAND.

C'est une idée. (A Jacqueline.) Mon ami Léonard, qui nous fait l'amitié de venir passer quelques semaines ici.

JACQUELINE, froidement.

Ah ! (Poliment.) Enchantée !

LÉONARD.

Madame, je vous demanderai la permission de me retirer.

JACQUELINE, avec empressement.

Mais oui, mais oui !

LÉONARD.

Je suis un peu fatigué par le voyage.

Il gagne le fond, suivi de Bertrand.

BERTRAND.

Je t'ai montré, en passant, le petit pavillon où tu loges. Tu trouveras là le domestique qui t'attend et qui est à ta disposition.

LÉONARD, à demi-voix.

Je suis crevé. Je n'ai pas encore dormi cette nuit... à côté de vous. En avez-vous fait une vie !

BERTRAND.

A qui le dis-tu ? Je suis dans un état de dépression terrible.

LÉONARD, s'incline.

A tout à l'heure, madame.

Il sort. Bertrand remonte et s'approche de Jacqueline.

SCÈNE V

BERTRAND, JACQUELINE.

BERTRAND.

Jacqueline, avant toute chose, je commence par vous demander pardon.

JACQUELINE.

De quoi, Bertrand ?

BERTRAND

De ce qui s'est passé, il y a six mois...

JACQUELINE, vivement.

Mais...

BERTRAND.

Je me suis conduit avec vous avec une brutalité dont j'ai honte. (Jacqueline sourit. Il ne voit pas son sourire.) Depuis, j'ai réfléchi, j'ai beaucoup réfléchi à ce qui s'est passé entre nous. Et j'ai vu que je vous avais mal comprise... J'avais une certaine expérience de la vie; mais je n'avais aucune expérience du mariage. Et je me faisais des idées absurdes et grossières. Nous ne sommes pas des animaux. Nous sommes des êtres pensants. Le mariage est l'union de deux âmes, le compagnonnage charmant de deux pensées. C'est vous, chère Jacqueline, qui étiez dans le vrai.

JACQUELINE, avec élan, lui jetant les bras autour du cou.

Non, c'est vous, cher Bertrand, qui aviez raison ! Non, ne vous échappez pas de mes bras ! Je me suis conduite avec vous comme une petite pensionnaire imbécile. Mais vous trouverez en moi une femme transformée... (Tendrement.) Il est temps que vous veniez. Si vous n'étiez pas venu, je serais allée vous retrouver... Vous me demandez pardon pour ce qui s'est passé ! Si vous saviez, cher Bertrand, combien j'avais hâte de vous pardonner ! Enfin, je vous ai ici, à moi, tout à moi... Tout à l'heure, j'ai été un peu froide avec votre ami...

BERTRAND.

Oui, il m'a semblé...

JACQUELINE.

C'est que j'aurais voulu, tant voulu, être toute seule avec vous. Mais on s'en débarrassera de votre ami...

BERTRAND, gêné.

Oui.. oui... Je crois que ça sera facile.

JACQUELINE.

Venez voir comme je vous ai préparé votre chambre. (Bertrand fait un pas vers la porte de gauche, premier plan.) Non, ce n'est pas par là. Ce n'est pas par là. C'est par là.

BERTRAND.

Mais là, c'était votre chambre ?

JACQUELINE.

C'est encore ma chambre...

BERTRAND.

Jacqueline... Je ne puis vous dire à quel point je
suis surpris, et ému, et touché, et heureux, de
vous retrouver dans des dispositions d'esprit aussi
imprévues. Pourquoi faut-il que je sois mal disposé,
très fatigué par le voyage, et aussi par le surme-
nage de ces derniers temps à Paris...

JACQUELINE.

Vous avez beaucoup travaillé?

BERTRAND.

Oui... Mais mal... J'ai besoin d'une vie paisible.

JACQUELINE.

Vous avez peut-être besoin de dormir?

BERTRAND, vivement.

Non... vraiment. J'ai besoin d'un peu de soli-
tude. Je vais errer dans le jardin, rêvasser...

JACQUELINE.

Ecoutez. J'ai une petite visite à faire dans le pays.
C'est aujourd'hui les fiançailles de Marguerite de
Serjolles. Je vais prendre l'auto et j'irai la félici-
ter. Pendant ce temps, mon petit mari, vous allez
vous reposer. Car je serai heureuse de vous retrouver comme jadis, plein de fougue, plein d'ardeur... Vous verrez comme notre belle campagne
va vous remettre tout de suite. Je suis sûre qu'a-
près être resté deux heures sous les arbres...

BERTRAND, d'un air de doute.

Deux heures ! Deux heures !... Enfin, je le souhaite !... Ecoutez, Jacqueline, ma chère Jacqueline. C'est une idée charmante que vous avez eue de me faire préparer votre chambre. Je ne puis vous dire à quel point je goûte cette idée. Mais, pour ne pas recommencer nos folies de jadis, ne trouvez-vous pas que ce rapprochement doit se faire peu à peu ?...

JACQUELINE.

Je crois que vous n'avez pas confiance dans le changement qui s'est opéré en moi...

BERTRAND.

Si ! Si !

JACQUELINE.

Mais, puisque vous ne me croyez pas, méchant ! je ferai comme vous le désirez, et l'on vous préparera votre chambre. Nous en serons quittes pour nous rendre visite.

BERTRAND.

C'est une idée.

JACQUELINE.

On se rendra visite... (Tendrement.) Aujourd'hui, je vous préviens que c'est mon jour... Je m'en vais donc ! Je vais prendre mon chapeau de jardin que j'ai laissé dans la véranda.

Ils remontent au fond de la scène, enlacés. Il veut lui mettre un baiser sur la joue. Mais elle lui tend les lèvres. Baiser prolongé. Ils se séparent, elle sort ; lui, tombe accablé sur une chaise. Il reste dans cette position sans mot dire. Entre Léonard.

SCÈNE VI

LÉONARD, très agité, BERTRAND.

LÉONARD.

Eh bien ! Est-ce qu'on va à Lyon ?

BERTRAND.

A Lyon ?

LÉONARD.

Eh bien, oui ! Qu'est-ce que tu attends pour me
conduire à Lyon?... Je te retiens, tu sais ! Tu me
fais passer une nuit abominable à Châlon, dans
une chambre voisine de celle où tu te trouves avec
une femme... Elle est rudement bien, cette femme-
là ! Je me disais : demain après midi, on va à Lyon...
Si tu ne viens pas avec moi, donne-moi l'auto...

BERTRAND.

Ma femme l'a prise pour faire des visites.

LÉONARD.

C'est admirable ! Et moi, je reste ici, en plan !

BERTRAND.

Oh ! mon vieux, je te conseille de te plaindre.
Si tu savais ce qui m'arrive.

LÉONARD.

Qu'est-ce qui t'arrive ?

BERTRAND.

Je viens ici pour me reposer, au sein d'une femme

froide, et je tombe sur l'épouse la plus ardente, (Léonard pousse un soupir de douleur.) la plus énamourée, (Soupir plus fort de Léonard.) une femme qui me prend dans ses bras, qui me jure qu'elle m'a méconnu, qui ne veut plus faire chambre à part, tu entends?

LÉONARD.

Et c'est de cela que tu te plains! Elle est rudement bien, ta femme !

BERTRAND, avec mépris.

Tiens, tu me fais pitié !

LÉONARD.

A moi aussi je me fais pitié! (Il marche avec agitation.) Oh ! Lyon ! Lyon ! Où es-tu ?

BERTRAND.

Et c'est un homme pensant ! (Il ouvre la porte de la bibliothèque.) Pendant que tu ne songes qu'à une chose, qu'à répéter inlassablement le geste éternel...

LÉONARD.

Il me dit ça à moi ? Il n'est pas encore question de le répéter, ce geste...

BERTRAND.

Il te faut l'action identique et banale, (Montrant la bibliothèque.) quand là, dans cette bibliothèque, tous les génies de l'humanité l'attendent pour l'entretenir des idées les plus diverses et les plus belles.

LÉONARD.

Je m'en fous bien !

BERTRAND.

Tu me dégoûtes. Blasphémateur ! Regarde sur

ces rayons et dis-moi s'il y a un passe-temps plus
noble. Regarde cette bibliothèque imposante, so-
lennelle et fraîche, où je vais dormir un peu.

LÉONARD.

Moi, je vais dans les bois. Je vais courir à per-
dre haleine. Combien y a-t-il de kilomètres d'ici à
Lyon ?

BERTRAND.

Quatre-vingt-quinze. Bonne promenade.

Il entre dans la bibliothèque.

SCÈNE VII

LÉONARD, seul, puis MADAME DE VERTAL.

Léonard continue à marcher avec agitation en faisant le tour du
salon.

LÉONARD, à lui-même.

Je vais faire le tour du salon, deux mille fois.
C'est plus sûr que de m'en aller dans la campagne.
Parce que, de cette façon-là, quand je serai fatigué, je serai tout près de ma chambre. (Il marche rapidement. Il est si préoccupé qu'il ne voit pas tout de suite madame
de Vertal arrêtée depuis un instant dans l'entre-bâillement.) Deux
fois. Ça fait deux fois. Encore dix-neuf cent et tant...
Quatre fois... Ça va trop vite. Je le ferai six mille
fois... (Il aperçoit madame de Vertal.) Ah ! pardon, madame ! Je fais un petit exercice d'hygiène.

MADAME DE VERTAL.

Oui, monsieur. Vous êtes sans doute l'ami de mon neveu ?

LÉONARD.

Oui, madame, si vous êtes la tante de mon ami.

MADAME DE VERTAL.

Vous êtes arrivé avec mon neveu. Il est peut-être en train de se reposer ? Vous n'avez pas vu ma nièce ?

LÉONARD

Elle est à Lyon... C'est-à-dire... qu'elle est sortie avec l'auto.

MADAME DE VERTAL.

Oh ! c'est fâcheux qu'elle ne m'ait pas prévenue. Parce que, justement, j'ai une demoiselle de compagnie qui ne veut pas me tenir compagnie. Elle est agacée, énervée, elle ne tient pas en place. Il faut vous dire que ce n'est pas son métier. Elle est ici pour un mois. D'ailleurs, c'est une fille charmante et très jolie.

LÉONARD, se rapprochant.

Très jolie ?

MADAME DE VERTAL.

Tenez, elle se promène dans le parc.

LÉONARD, regardant dans le parc.

Elle est rudement bien !

MADAME DE VERTAL.

Oh ! mais vous êtes un peu loin pour la voir...

LÉONARD.

Ça ne fait rien. Je la trouve bien... Il est bien, ce parc. Je ne l'ai pas encore visité. J'ai envie d'aller y faire un petit tour... Pardon, madame, si je vous pose cette question, au sujet de cette demoiselle... C'est pour une personne qui cherche une demoiselle de compagnie... C'est une jeune fille très convenable ?

MADAME DE VERTAL.

Oh ! absolument !

LÉONARD.

Ah ! tant pis !

MADAME DE VERTAL, surprise.

Comment ça ?

LÉONARD.

Parce que... la personne en question est pressée... Elle aurait voulu une personne plutôt... débrouillarde.

MADAME DE VERTAL.

Je ne comprends pas.

LÉONARD.

Moi non plus... Je dis ce qu'on m'a dit.

MADAME DE VERTAL.

Voici ma nièce qui revient déjà ?

LÉONARD.

L'auto est libre alors ?

SCÈNE VIII

LES MÊMES, JACQUELINE.

JACQUELINE, entrant.

Pas de chance. L'auto s'est arrêtée en panne avec quelque chose de cassé, à un quart d'heure d'ici. La voiture est immobilisée pour huit jours.

LÉONARD.

Bon !... (A madame de Vertal.) De quel côté est passée votre demoiselle de compagnie ?

MADAME DE VERTAL.

A gauche, je crois.

LÉONARD.

Merci.

MADAME DE VERTAL.

Ramenez-la moi.

LÉONARD, distraitement.

Oui, oui.

Il sort précipitamment.

SCÈNE IX

MADAME DE VERTAL, JACQUELINE.

MADAME DE VERTAL, à Jacqueline.

Eh bien, cette entrevue ?

JACQUELINE.

Je te raconterai... Très gentil... Je vais faire préparer sa chambre...

MADAME DE VERTAL.

Comment ?... Alors ?...

JACQUELINE.

C'est une autre combinaison. On se fera des visites. (Montrant la porte de gauche.) Je vais ouvrir les fenêtres. Je sortirai dans le jardin et je prendrai des quantités de fleurs dont je parsèmerai la chambre de Bertrand.

Elle rentre à gauche, premier plan.

MADAME DE VERTAL.

Je vais donner des ordres pour le dîner de ce soir.

Elle sort par la gauche, au fond. Au bout d'un instant, Vanina, suivie de Léonard, entre par la droite.

SCÈNE X

LÉONARD, VANINA.

LÉONARD, troublé.

Oui, oui, la tante de mon ami désire que vous reveniez. Mais ce n'est pas pressé. Vous auriez pu faire encore un petit tour dans le jardin.

VANINA, préoccupée.

Vous êtes l'ami de M. Bertrand ?

LÉONARD.

Oui, oui. Je suis venu avec lui. J'habite le pavillon. Une petite chambre très gentille. Vous n'habitez pas le pavillon ?

VANINA.

Non, non, je suis dans la maison... Et monsieur votre ami est arrivé en bonne santé ?

LÉONARD.

Oui, oui, mademoiselle. Ne vous offensez pas de ce que je vous dis. Vous êtes très, très jolie.

VANINA, distraitement.

Oui, oui... Alors, votre ami est allé se reposer ?

LÉONARD.

Oui, il se repose... Je suis très content de vous trouver ici. C'est une heureuse surprise.

VANINA, de même.

Vraiment ? Vraiment ?

LÉONARD, à lui-même.

Un peu distraite. (A Vanina.) Je n'avais pas le plaisir de vous connaître. Mais sitôt que je vous ai vue, je me suis senti tout troublé.

VANINA, distraite.

Si vite que ça ?... Il est allé se reposer dans sa chambre ?

LÉONARD.

Oui, oui... C'est-à-dire dans la bibliothèque... C'est précisément cette rapidité avec laquelle... ma passion... s'est déclarée... qui doit vous garantir cette sincérité... Mademoiselle, j'ai pour vous un sentiment extraordinaire dont vous ne devez pas vous offenser... Dites-moi qu'il ne vous offense pas?

VANINA, distraite.

Mais non, mais non. (Se reprenant.) C'est-à dire que si!... Mais je ne sais pas bien ce que je dis. Je vous demande pardon. Je suis préoccupée. Nous reprendrons cet entretien.

LÉONARD.

Ce soir, voulez-vous ? Quand nous serons tranquilles... J'habite le pavillon... Je me hâte de vous dire qu'un profond respect...

VANINA.

Votre ami est dans la bibliothèque ?

LÉONARD.

Oui, il dort. On peut le voir par là. (Il regarde.) Non, il ne dort pas... Il regarde des livres. Sur le plus haut rayon. Il est monté sur une grande échelle.

Vanina regarde.

VANINA.

Je vais aller lui parler

Elle ouvre la porte et entre. On entend un terrible fracas.

LÉONARD.

Qu'est-ce que c'est ? (Il ouvre la porte et regarde.) Eh bien, merci !

Il entre dans la bibliothèque. Quelques instants après, Bertrand
rentre en scène en se frottant le genou.

SCÈNE XI

Les Mêmes, BERTRAND.

BERTRAND.

C'est un miracle que je ne me sois pas cassé la figure. (A Vanina.) Comment? Tu es ici ?

LÉONARD, à demi-voix.

Comment ? Tu la connais ?

BERTRAND.

Mais oui, imbécile !

LÉONARD.

Encore une femme pour toi !

BERTRAND, accablé.

Encore une femme pour moi !

LÉONARD.

Je ne peux pas supporter ça !

Il sort en courant.

SCÈNE XII

BERTRAND, VANINA.

BERTRAND.

Enfin, comment se fait-il que tu sois ici ?

VANINA.

Quand j'ai su que tu y venais, comme mon amie

était placée chez ta tante, je me suis arrangée
pour la remplacer pendant un mois. N'est-ce pas
une idée admirable ? Personne ne saura que nous
nous connaissons. Ce sera très amusant. Nous serons très cérémonieux l'un envers l'autre... pendant le jour... et le reste du temps, on se rattra-
pera... Petit chéri !

BERTRAND.

Mais, mon cher enfant...

VANINA.

Ton enfant a un désir fou que tu l'embrasses !
On s'est dit adieu hier ; mais il faut se dire bonjour tout de suite ; je n'attendrai pas jusqu'à la
nuit...

BERTRAND.

Mais tu n'y songes pas! Tu ne songes pas à l'ordonnance de mon médecin. Je suis malade ! Je
suis malade ! Il faut que je me repose ici. C'est
curieux qu'on n'admette pas que je suis malade !
Au régiment, quand je me faisais porter malade,
on m'exemptait de service. Ici, je ne suis jamais
reconnu !

VANINA.

Le médecin t'a ordonné la campagne... Eh bien,
tu y es à la campagne! L'air est sain. Il y a des
choses qui fatiguent à Paris et qui ne fatiguent pas
ici. En tout cas, rien au monde ne peut empêcher
qu'on se dise bonjour. Tu vas me dire bonjour!

BERTRAND, désespéré.

Oh! ma foi, tant pis ! Je ne lutte plus ! Je suis

dans le bal ! Je danserai jusqu'à en crever ! Viens, viens, je t'emmène par là ! Il arrivera de moi ce qui arrivera ! (Il se dirige vers sa chambre en tenant Vanina par la taille. A ce moment, la porte s'ouvre et Jacqueline apparaît, Bertrand lâchant Vanina.) Ah ! c'est vous !

SCÈNE XIII

JACQUELINE, BERTRAND, VANINA.

JACQUELINE.

C'est moi...

BERTRAND, troublé.

Je faisais le tour du propriétaire avec mademoiselle qui est arrivée hier soir et ne connaît pas la maison.

JACQUELINE, gênée.

Eh bien, c'est bien ! Allez ! Allez !

BERTRAND, allant vers la bibliothèque et faisant passer Vanina.

Ceci, mademoiselle, est la bibliothèque du château...

Ils entrent dans la bibliothèque.

SCÈNE XIV

JACQUELINE, MADAME DE VERTAL.

JACQUELINE, des larmes dans la voix.

Qu'est-ce que ça veut dire ? (Allant au fond.) Ma

4.

tante ! Oh! je voudrais voir ma tante ! (Entre madame de Vertal.) Oh! ma tante ! viens ! je te cherchais !

MADAME DE VERTAL.

Il y a une visite pour toi, me dit Dominique.

JACQUELINE.

J'ai bien la tête à recevoir des visites ! Je viens de voir Bertrand qui tenait par la taille ta demoiselle de compagnie.

MADAME DE VERTAL.

Qu'est-ce que tu dis ?

JACQUELINE.

Oui. Il a prétendu qu'il lui faisait visiter la maison. Oh! ma tante ! que je suis malheureuse! que je suis malheureuse !

MADAME DE VERTAL.

Mon enfant! Mon enfant! Allons! Vois les choses avec un peu plus de sang-froid!

JACQUELINE.

Il la tenait par la taille !

MADAME DE VERTAL.

Eh bien, il la tenait par la taille! Il faut savoir comment est cette demoiselle... C'est une étrangère... elle est très expansive... elle a des gestes un peu... excessifs... Ainsi, moi, elle me prend les mains, elle m'embrasse à tout bout de champ.

JACQUELINE.

Mais mon mari n'est pas étranger. Et ce n'est pas elle qui le tenait par la taille. C'est lui...

MADAME DE VERTAL.

Tu n'as peut-être pas bien vu... Et puis on a beau voir les choses, si elles sont invraisemblables, il faut se dire qu'on s'est trompé. Voilà une jeune fille que ton mari connaît depuis un quart d'heure et qui a l'air d'une jeune fille très convenable, expansive, mais très convenable. Peut-être, dans son pays, est-ce un geste tout à fait innocent...

JACQUELINE.

Mais mon mari n'est pas de son pays !

MADAME DE VERTAL.

Mais il en connaît sans doute les usages. Ton mari a beaucoup voyagé... Tout cela s'éclaircira, ma petite. En attendant, il faut que tu reçoives cette dame qui tient absolument à te voir.

JACQUELINE.

Je ne suis guère en train...

MADAME DE VERTAL.

Ça te distraira. (A la cantonade.) Dominique ! Allez chercher cette dame. (A Jacqueline.) Mon petit chou, tout va s'arranger. Dis-moi que tu es plus calme maintenant ?

JACQUELINE.

Oui, oui... Je vais me coiffer un peu pour recevoir cette personne.

> Elle rentre dans la chambre, à droite, suivie de madame de Vertal.

SCÈNE XV

EMMELINE, LÉONARD.

EMMELINE, entrant peu après, suivie de Léonard.

Vous êtes un peu surpris de me rencontrer ?

LÉONARD.

Oui, vous deviez continuer sur le Midi...

EMMELINE.

Ecoutez, monsieur Léonard, que je vous parle rapidement avant de revoir votre ami... Ce n'est pas la peine de faire des cachotteries. Vous savez ce qu'il en est, et je sais que vous êtes un galant homme... Au moment où j'allais reprendre le train à Chalon, je me suis rappelé qu'il y avait dans ce pays une dame de Serjolles, qui recevait aujourd'hui, pour les fiançailles de sa fille. C'était un prétexte très convenable pour m'arrêter ici en allant dans le Midi. Bertrand ne sera peut-être pas content. Je compte sur vous pour le calmer.

LÉONARD, avec élan.

Vous pouvez compter sur moi ! Je vous suis acquis tout entier ! Je me sens pour vous un dévouement... immense !

EMMELINE.

Je vais tâcher de passer quelques jours ici. Pensez-vous que Bertrand ne m'en voudra pas ?

LÉONARD.

Ça n'a aucune importance. Il faut que vous passiez quelques jours ici.

EMMELINE.

Ils auront, je pense, de quoi me loger.

LÉONARD.

Je vous donnerai ma chambre, que j'ai dans le pavillon, et j'en prendrai une tout à côté...

EMMELINE.

Mais je crois qu'ils ont d'autres chambres dans la maison ?

LÉONARD.

Venez plutôt dans le pavillon.

EMMELINE, distraite.

Monsieur Léonard...

LÉONARD.

Oui, le moment est mal choisi pour vous dire... des quantités de choses... que je désire vous dire. Ecoutez. Ces gens ici se couchent tôt. Ils ne savent pas ce que c'est que les beaux soirs de la campagne. Ce soir, si vous n'avez pas sommeil et si vous venez du côté du pavillon, vous m'y trouverez éveillé et prêt à sortir avec vous dans le jardin, ou, s'il fait trop frais, à vous dire des vers dans une chambre. Je sais de très beaux vers. Mais voici votre amie...

SCÈNE XVI

Les Mêmes, JACQUELINE.

JACQUELINE, entrant.

Comment ? C'est toi ? Oh ! si j'avais su !

LÉONARD, sur le pas de la porte.

Elle est rudement bien, cette femme là !... Et l'autre aussi d'ailleurs...

Il sort.

SCÈNE XVII

EMMELINE, JACQUELINE.

EMMELINE.

Ma chère, c'est toute une histoire. Figure-toi que je passais en chemin de fer...

JACQUELINE.

Tu me raconteras cela plus tard. Tu es ici, c'est le principal. Mon amie, j'ai été aujourd'hui, la plus heureuse, puis la plus malheureuse des femmes. D'abord, que je te dise, Bertrand est revenu...

EMMELINE, feignant la surprise.

Ah !

JACQUELINE.

Alors, tu penses si j'étais contente d'apprendre

son retour, après le malentendu qu'il y a eu entre nous ! Je t'ai raconté cela il y a six mois, j'avais hâte de le revoir pour lui dire que j'avais tort, qu'il était mon mari, que j'étais prête à faire toutes ses volontés, comme une femme soumise... et contente.

EMMELINE.

Et contente ?

JACQUELINE.

Oui, et contente ! Ah ? j'ai bien changé depuis qu'on ne s'est vues... Alors, quand Bertrand est revenu, je me suis jetée à son cou, et je lui ai dit tout cela.

EMMELINE.

Tu lui as dit tout cela ?

JACQUELINE.

Je le lui ai dit carrément.

EMMELINE, d'un ton dégagé.

Et peut-on savoir ce qu'il a dit ?

JACQUELINE.

... Il n'a pas été aussi gentil que je l'aurais cru.

EMMELINE, satisfaite.

Bon.

JACQUELINE, étonnée.

Bon ?

EMMELINE, changeant de ton.

Je veux dire : Bon ! tu as été maladroite, tu n'aurais pas dû lui dire cela.

JACQUELINE.

Il m'a dit qu'il était fatigué, souffrant.

EMMELINE, étourdiment.

C'est vrai.

JACQUELINE.

Comment le sais-tu ?

EMMELINE, gênée.

Je l'ai aperçu à Paris, récemment, et je sais aussi qu'il est souffrant, par son docteur que je connais.

JACQUELINE.

Il s'est surmené, paraît-il.

EMMELINE.

Le docteur en question a été affirmatif. Il faut, m'a-t-il dit, que ce garçon garde un repos absolu. Tu m'entends ?

JACQUELINE.

Pourquoi ne m'as-tu pas écrit tout cela ?

EMMELINE.

Je pensais qu'il n'y avait pas besoin de te rien recommander sous ce rapport, étant donnée l'attitude que tu avais prise avec ton mari. Mais heureusement que je suis arrivée aujourd'hui !

JACQUELINE.

C'est drôle... Il ne me fait pas l'effet d'un homme fatigué.

EMMELINE.

C'est ce que j'ai dit. Mais le docteur a insisté. Ainsi, tu vois ce que tu as à faire, ou plutôt à ne pas faire.

JACQUELINE.

Oh ! sois tranquille ! Maintenant, je n'y pense plus ! D'autant que je suis furieuse contre lui...

EMMELINE, d'un ton affectueux.

Allons ! Allons ! ne t'emballe pas. Il s'agit d'être un peu froide avec lui, mais pas du tout hostile. Il n'a rien fait pour ça..

JACQUELINE.

Il me trompe.

EMMELINE.

Mais non ! Mais non !

JACQUELINE.

J'en suis sûre !

EMMELINE.

Quand cela serait ! Il aurait des excuses... ma petite Jacqueline. La façon dont tu l'as traité...

JACQUELINE.

Mais je ne suis plus comme cela.

EMMELINE.

Il faut être indulgente.

JACQUELINE.

Tu crois ?

EMMELINE.

Mais oui, mais oui.

JACQUELINE.

Au fond, je ne demande pas mieux que de pardonner... Mais, tu sais, tout à l'heure, quand je l'ai vu qui tenait une jeune fille par la taille.

EMMELINE, sursautant.

Il tenait une jeune fille par la taille ?

JACQUELINE.

Oui, une demoiselle de compagnie de ma tante.

EMMELINE.

Mais c'est odieux, cela! Mais c'est affreux! C'est un homme abominable !

JACQUELINE.

Tu disais qu'il fallait être indulgente !

EMMELINE.

Je ne savais pas ce qu'il avait fait !

JACQUELINE.

Au fond, prendre une jeune fille par la taille, ce n'est pas grave.

EMMELINE, violemment.

C'est ignoble !

JACQUELINE.

D'autant que cette jeune fille est une étrangère exaltée, qui a des gestes un peu excessifs. Alors, il s'est mis à l'unisson.

EMMELINE, très agitée.

Et tu prends ça comme ça ! Où est-il en ce moment ?

JACQUELINE.

Il est avec elle !

EMMELINE, sursautant.

Il est avec elle !

JACQUELINE.

Il est dans la bibliothèque.

EMMELINE, va à la bibliothèque et ouvre la porte.

Ils n'y sont plus.

JACQUELINE.

Il y a une porte-fenêtre qui donne sur le jardin.

Il m'a dit qu'il lui faisait visiter la propriété. Ils sont peut-être aux grottes.

EMMELINE, **frémissante.**

Où sont ces grottes ? Où ça ?

JACQUELINE.

Tout près d'ici.

EMMELINE.

J'y vais! Et je lui parlerai à ton Bertrand!

JACQUELINE.

Je t'en prie, Emmeline, j'aime mieux pardonner.

> Elles sortent par la bibliothèque, Emmeline, très irritée, suivie de Jacqueline. L'instant d'après, Bertrand entre avec précaution par le fond. Il va au fond, à droite, regarde à la cantonade. Puis il s'assoit sur un fauteuil et commence à s'assoupir. Léonard arrive peu après.

SCÈNE XVIII

LÉONARD, BERTRAND.

LÉONARD.

Eh bien, je viens de la remise. L'auto est vraiment à réparer. C'est gai !

BERTRAND.

Il s'agit bien de ça!

LÉONARD.

Il s'agit de ça. Ici, je me démène, je me démène, mais rien ne me réussit.

BERTRAND, accablé.

A moi, tout me réussit ! Non seulement j'ai ma femme sur les bras, mais encore Vanina l'étudiante roumaine !

LÉONARD.

Et ce n'est pas tout !

BERTRAND.

Comment ? Ce n'est pas tout ?

LÉONARD.

Pendant que je me morfonds, il est encore arrivé quelqu'un pour toi !

BERTRAND.

Quelqu'un pour moi ?

LÉONARD.

La dame de Chalon !

BERTRAND, hagard.

Emmeline ?

LÉONARD.

Elle vient passer quelques jours ici...

BERTRAND.

Enfin, qu'est-ce que j'ai fait au bon Dieu ! Je quitte Paris pour fuir deux maîtresses et me reposer. Et me voici avec trois femmes sur les bras... sans compter que, tout à l'heure, ma femme a eu l'air de s'apercevoir de ce qui se passait entre Vanina et moi... Je tenais Vanina par la taille. Mais je crois tout de même que Jacqueline est calmée sur ce point...

LÉONARD.

Je ne crois pas. Tout à l'heure, en venant ici, j'ai entendu des éclats de voix. Par discrétion, je ne suis pas entré ; j'ai écouté à la porte. Ta femme racontait précisément à ta maîtresse qu'elle t'avait surpris avec la demoiselle de compagnie

BERTRAND.

Ma femme racontait cela à Emmeline ! Oh ! la gaffe ! la gaffe ! Eh bien, je suis frais, maintenant !... C'est bien simple. Je n'ai plus qu'à filer, loin d'ici... Et je file !

LÉONARD.

Où vas-tu ?

BERTRAND.

Je m'en vais.

Il va sortir au moment où Emmeline entre, suivie de Jacqueline.

SCÈNE XIX

BERTRAND, LÉONARD, JACQUELINE, EMMELINE.

EMMELINE.

Ah ! vous voilà !

BERTRAND.

Chère amie...

Il lui tend la main, mais Emmeline lui enfonce ses ongles dans la paume. Il pousse un hurlement de douleur.

JACQUELINE.

Qu'est-ce que vous avez ?

BERTRAND.

Rien, rien... (A demi-voix.) Je me suis fait mal,
après les ongles de madame.

EMMELINE.

Mon cher, Jacqueline m'en a raconté de belles
sur votre compte... C'est honteux ! C'est odieux !
C'est ignoble ! Tromper ainsi une femme qui vous
aime, qui a sacrifié sa vie pour vous...

JACQUELINE, à demi-voix.

Tu exagères...

EMMELINE.

Qui ne vit que pour vous, qui ne fait que penser
à vous !

JACQUELINE, à demi-voix.

C'est vrai, maintenant... Je suis contente que tu
dises ça.

EMMELINE.

Mais ça ne se passera pas comme ça ! Ça se
paiera terriblement !

JACQUELINE, à demi-voix.

Ne va pas trop loin...

EMMELINE.

On se vengera, mon petit ami !

BERTRAND, à Léonard.

Ma situation est ridicule entre ces deux femmes !

EMMELINE.

Oh ! le mauvais homme ! Le mauvais homme !

LÉONARD, à lui-même.

Qu'elle est excitante, dans sa colère !

Madame de Vertal entre.

SCÈNE XX

Les Mêmes, MADAME DE VERTAL.

MADAME DE VERTAL.

Bonjour, chère Emmeline. Excusez-moi. J'ai un gros souci de moins. Il n'y avait pas de poisson pour dîner. On a trouvé un brochet superbe dans le bourg. Venez donc, Vanina !

Entre Vanina.

SCÈNE XXI

Les Mêmes, VANINA.

MADAME DE VERTAL, à Emmeline.

Mademoiselle Vanina, ma demoiselle de compagnie.

EMMELINE.

Ah ! c'est vous ! C'est vous !... Mon amie Jacqueline m'a chargée d'une commission pour vous, mademoiselle ! Elle vous prie de préparer votre malle et de quitter le château dès ce soir !

VANINA.

Qu'est-ce que ça veut dire?

MADAME DE VERTAL, à Jacqueline.

Qu'est-ce que ça veut dire?

JACQUELINE, embarrassée.

Mais... Je ne lui avais pas dit...

VANINA.

Madame me met à la porte?

JACQUELINE.

C'est à-dire... Mademoiselle...

VANINA, à Bertrand.

On me met à la porte...

BERTRAND, conciliant.

Mais non, mais non... (A Léonard.) Ma situation est ridicule entre ces trois femmes!

VANINA, reprenant Bertrand par le bras.

On me met à la porte!

BERTRAND, s'avançant.

Voyons!

EMMELINE.

D'abord, vous, ayez un peu de pudeur, ne vous mêlez de rien! (A Vanina, qui tient toujours le bras de Bertrand.) Et voulez-vous ne pas toucher le bras de cet homme?

VANINA, éclatant.

Enfin, celle-là, de quoi se mêle-t-elle? (Montrant Jacqueline.) Madame a l'air très gentille pour moi. (Montrant Bertrand.) Monsieur ne me dit rien... Il ne manquerait plus que ça... Et voici une dame qui se permet de me mettre à la porte! J'en ai assez à la fin!

LÉONARD.

Elle est admirable dans sa fureur!

VANINA, à Emmeline.

Vous allez fermer ça, et plus vite que ça!

MADAME DE VERTAL, très agitée.

Pas si fort! pas si fort! Les domestiques sont là tout près! Pas si fort!

EMMELINE.

Laissez-nous nous disputer tranquilles!

MADAME DE VERTAL.

Oui, mais disputez-vous sans crier... Les domestiques...

VANINA, très fort.

C'est tout de même raide, par exemple! Qu'est-ce que c'est que cette créature?

EMMELINE, à Bertrand.

Vous laissez cette fille insulter une invitée?

VANINA

Vous laissez votre invitée insulter la demoiselle de compagnie de votre tante?

BERTRAND.

Oh! je vais mettre ordre à cela! Je vais mettre ordre à cela!

LÉONARD.

Qu'est-ce que tu vas faire?

5.

BERTRAND, à Léonard.

Je fous le camp, d'abord !

Il sort rapidement. Emmeline, fondant en larmes, embrasse Jacqueline.

JACQUELINE.

Oh! ma pauvre amie! Ma pauvre amie!

VANINA, fondant en larmes, embrassant Jacqueline.

Oh! ma pauvre madame! Ma pauvre madame!

DOMINIQUE, entrant.

Madame est servie!

MADAME DE VERTAL, allant à Emmeline.

A table! A table!

EMMELINE.

Je ne dîne pas.

Elle sort. Madame de Vertal va à Vanina.

VANINA.

Moi non plus. Je vais faire ma malle.

MADAME DE VERTAL.

Mais non! Mais non!

VANINA.

En tout cas, je ne dîne pas!

Elle sort.

MADAME DE VERTAL, allant à Jacqueline.

J'ai un brochet de sept livres!

JACQUELINE.

Je ne dîne pas sans Bertrand.

Elle sort.

MADAME DE VERTAL, à Léonard.

A table, monsieur Léonard.

LÉONARD.

Je ne songe pas à manger !

Il sort.

MADAME DE VERTAL, seule, tombant accablée sur une chaise.

Et moi qui n'aime pas le poisson !

Rideau.

ACTE TROISIÈME

La scène représente une des deux pièces de l'appartement de Léonard, dans le pavillon. C'est un petit salon. La porte de gauche, premier plan, donne sur la chambre à coucher. Au fond, à droite, une porte donnant sur l'entrée. Au fond, à gauche, une autre porte donnant sur le couloir qui dessert les autres pièces du pavillon.

SCÈNE PREMIÈRE

IRMA, DOMINIQUE.

DOMINIQUE, à Irma, tenant un édredon sous son bras.

Alors, quoi? On remporte l'édredon?

IRMA.

Oui. Il paraît que ce monsieur n'en veut pas... Vous avez déjà fini de dîner à l'office? Il est à peine neuf heures un quart.

DOMINIQUE.

Oui, oui. Nous avons dîné de bonne heure aujourd'hui. Pourquoi c'est-y que vous n'êtes pas venue ?

IRMA.

Mais moi, j'ai dîné chez mon oncle.

DOMINIQUE.

Votre oncle ?

IRMA.

Le jardinier. Vous ne saviez donc pas que mon oncle était le jardinier d'ici ?

DOMINIQUE.

Ah ! je vous demande pardon. J'ignorais. Je suis nouveau.

IRMA.

Et vous savez, mon oncle et ma tante, ils ne se privent pas de me surveiller. Moi, à mon idée, j'aimerais bien mieux manger avec vous autres... Mais pourquoi donc que vous avez dîné de si bonne heure ?

DOMINIQUE.

Oh ! mais c'est qu'il y a eu du chichi dans la maison... Oh ! là ! là !... Les maîtres n'ont pas dîné. Il y avait juste à table notre tante, notre vieille tante, madame de Vertal, quoi !

IRMA.

Et monsieur ?

DOMINIQUE.

Monsieur ? Parti... Il est allé dans la campagne pour dîner on ne sait pas où.

IRMA.

Et madame ?

DOMINIQUE.

Madame ? Elle a dîné dans sa chambre. On lui a monté deux œufs et de la camomille.

IRMA.

Et la dame qui était venue en visite cet après-midi ?

DOMINIQUE.

La dame? Dans sa chambre. Deux œufs et du tilleul.

IRMA.

Et la demoiselle de compagnie?

DOMINIQUE.

Dans sa chambre. Une omelette de six œufs et une bouteille de Madère.

IRMA.

Enfin, quoi? c'était comme une maison de santé?

DOMINIQUE.

Presque... De cette affaire-là, on s'est appuyé à l'office un énorme brochet qu'on ne pouvait pas garder pour demain...

IRMA.

Mais l'ami de monsieur qui est venu avec lui ce matin, enfin, le monsieur qui couche ici, dans le pavillon?

DOMINIQUE.

Il s'est mis à table avec notre tante. Mais il

n'avait pas faim. Il s'est fait apporter de l'infusion de fleurs d'oranger. Il s'est excusé, et il est parti en disant qu'il n'était pas bien portant. Il est là qui tourne dans le jardin.

IRMA.

Il a l'air gentil, ce monsieur?

DOMINIQUE.

Eh bien, dites donc, hé ! Qu'est-ce qu'il va dire, l'oncle jardinier?

IRMA.

Qu'est-ce qu'il va dire ?

DOMINIQUE.

Si le monsieur vous fait du plat?

IRMA.

Il n'y pense pas.

DOMINIQUE.

Oh! mais, dites donc, vous avez l'air d'y penser, vous!

IRMA.

A quoi est-ce que ça me servirait? Il n'y pense pas. Allez vous coucher, vous! Ça vaudra mieux que de dire des bêtises. Bonsoir!

DOMINIQUE.

Oh! je ne suis pas encore couché. Je vais jouer aux cartes avec le chef. Il est en train de nous apprendre le bridge. Bonsoir, Irma.

IRMA.

Bonsoir ! Bonsoir !

Au moment où Dominique va sortir, il s'efface pour laisser passer Léonard. Irma sort par la porte du fond, à gauche.

SCÈNE II

LÉONARD, DOMINIQUE.

LÉONARD, entrant.

Bonsoir, mon garçon !

DOMINIQUE.

Bonsoir, monsieur.

Il va pour sortir.

LÉONARD.

Attendez. Savez-vous s'il y a un indicateur à la maison ?

DOMINIQUE.

Non, monsieur. Mais je pourrais en apporter un à monsieur demain matin. J'irai en chercher un à la gare.

LÉONARD.

Ah ! il y a une gare dans le pays ?

DOMINIQUE.

Oui, monsieur.

LÉONARD.

Y a-t-il des trains, ce soir ?

DOMINIQUE.

Pour quelle direction ?

LÉONARD.

... Eh bien, par exemple, Lyon...

DOMINIQUE.

Oh ! non. Nous ne sommes pas sur la grande

ligne, et il n'y aura pas de train dans la direction
de Lyon.

LÉONARD.

Bon, bon... Il y a une gare, dites-vous. Mais y
a-t-il une localité importante dans les environs?

DOMINIQUE.

Oh! je vous crois, monsieur! Il y a la petite ville,
à une demi-lieue d'ici.

LÉONARD.

Une petite ville importante?

DOMINIQUE.

Assez, monsieur assez. Il y a, je crois, quatre
mille âmes.

LÉONARD.

Ah! quatre mille âmes! C'est une petite ville de
ressources... Y a-t-il... Y a-t-il de la troupe?...

DOMINIQUE.

De la troupe?

LÉONARD.

Oui. Quand il y a de la troupe, il y a générale-
ment des ressources.

DOMINIQUE.

De la troupe, des soldats... je ne crois pas, monsieur, qu'il y ait de la troupe.

LÉONARD.

C'est fâcheux. Quand il y a de la troupe, ça
donne de l'animation à une ville. Il y a des cafés-
chantants... des grues... Je suis sûr qu'il n'y a pas
de grues dans cette petite ville...

DOMINIQUE.

Oh! si, monsieur, il y en a une.

LÉONARD, s'approchant.

Il y en a une?

DOMINIQUE.

Et une riche, et qu'il paraît qu'elle a été épatante.

LÉONARD.

Elle a été?

DOMINIQUE.

Maintenant, on ne peut plus guère juger.

LÉONARD.

Elle est un peu mûre?

DOMINIQUE.

Elle a soixante-seize ans. Son mari est le marquis de Chevacé. (Renseigné.) Il s'occupe de cultures. C'est lui qui a fait venir dans le pays les herses américaines. Je vais vous raconter comment ça s'est passé, si ça vous intéresse...

LÉONARD.

Beaucoup. Ça m'intéresse beaucoup. Mais vous me direz cela demain. Apportez-moi un indicateur à la première heure. Bonsoir, mon ami.

Dominique sort. Léonard s'assoit tristement sur une chaise. Au bout d'un instant, Irma entre.

SCÈNE III

IRMA, LÉONARD.

IRMA.

Monsieur désire-t-il que je ferme les fenêtres dans ce petit salon?

LÉONARD.

Comme vous voudrez, comme vous voudrez.

IRMA.

J'ai retiré l'édredon du lit de monsieur.

LÉONARD.

Vous avez bien fait.

IRMA.

Je vais fermer les persiennes.

LÉONARD.

Si vous voulez. Mais je n'y tiens pas. Inutile de vous attarder ici, si vous comptez aller retrouver votre amoureux.

IRMA.

Oh! mais! dites donc! monsieur, je n'ai pas d'amoureux!

LÉONARD.

Allons donc! Une jolie fille comme vous. Car vous êtes jolie! Ah! vous avez de la chance d'être femme!

IRMA.

Pourquoi ça?

LÉONARD.

Parce que les hommes se donnent la peine de courir après vous, et vous, vous n'avez qu'à les laisser venir. C'est terrible de courir après les femmes, les jours où ça ne marche pas .. Alors on se décourage... On prend l'habitude d'être repoussé. On finit par se dire : (Il la regarde.) Oh ! je n' veux pas recommencer avec celle-là ! Elle va encore m'envoyer bouler. Et c'est vraiment fatigant ! Ce n'est pas vrai, ce que je dis là ? Que si quelqu'un vous faisait la cour, vous l'enverriez bouler ?

IRMA.

Ça dépend.

LÉONARD. anxieux.

Vous voyez. Vous dites que ça dépend. Ça dépend de quoi ?

IRMA.

Si la personne me plaisait.

LÉONARD.

Je vois ça. Il vous faudrait, pour vous faire la cour, un tout petit jeune homme.

IRMA.

Je ne dis pas ça.

LÉONARD.

Alors un homme très vieux ?

IRMA.

Ah ! non, par exemple.

LÉONARD.

En tout cas, pas un homme de mon âge...

IRMA.

... Je n'ai pas de préférence.

LÉONARD, ému.

Alors, si un homme de mon âge vous faisait la cour, ça ne vous déplairait pas ?

IRMA.

Et pourquoi donc ça ?

LÉONARD, net.

Oui, mais il faut s'expliquer. Vous ne savez pas ce que j'entends par faire la cour... Il ne s'agit pas de se regarder dans le blanc des yeux, et d'aller se promener au clair de lune. Il s'agit de se laisser embrasser, et tout ce qui s'en suit... Voilà une chose que vous n'accepteriez pas, telle que je vous connais ?

IRMA.

Vous ne me connaissez pas.

LÉONARD.

Enfin, c'est l'idée que je me fais de vous. Oh ! c'est que vous devez être une fille pas commode ! D'abord, si quelqu'un voulait vous faire violence, avec votre petit air de rien, vous seriez capable de lui résister... Vous êtes très forte. Vous avez le bras très vigoureux. (Il lui tâte le bras.) Et ce bras-ci est aussi vigoureux que l'autre. (Il tâte l'autre bras. D'une voix un peu altérée :) Oui, ce bras-ci est aussi vigoureux. C'est que, vous savez, il y a bien des personnes qui n'ont pas les bras exactement semblables. Vous, c'est très curieux, vos bras ont la même grosseur. C'est un athlète que cette petite femme-là. C'est un gentil petit athlète. (Il la prend dans ses bras, et l'embrasse dans le cou.) Oh! je t'aime, je t'aime! Oh! tu veux bien que je t'aime? Viens par ici, viens par ici...

IRMA.

Oh! non! non! Pas tout de suite!

LÉONARD.

Tout de suite! Tout de suite!

IRMA.

Il faut que j'aille éteindre ma lampe à l'étage au-dessus, dans ma chambre. Comme ça, mon oncle, le jardinier, croira que je suis couchée. Autrement, il serait capable de venir voir.

LÉONARD.

Alors, tu pourras rester près de moi, toute la nuit...

IRMA.

Je verrai, je verrai...

LÉONARD.

Toute la nuit! Toute l'autre nuit! Pendant dix nuits! Pendant vingt nuits!

IRMA,

Je vais éteindre ma lampe.

Elle va vers la porte, accompagnée par Léonard, qui l'embrasse. Elle sort.

LÉONARD, seul, très agité.

Oh! c'est bien! ça! C'est bien de sa part! Oh! quelle brave fille! Et puis, elle est épatante! Elle est belle! Elle est belle! C'est la plus belle femme que je connaisse! (Il continue à marcher avec agitation. Il entend frapper à la porte. Vivement.) Entrez! Entrez!

La porte de droite du fond s'ouvre et Vanina apparaît.

SCÈNE IV

LÉONARD, VANINA.

LÉONARD, se retournant.

Ah! c'est vous!

VANINA.

C'est moi! Ça n'a pas l'air de vous faire plaisir.

LÉONARD.

Si... si... pouvez-vous penser!

VANINA.

J'étais ennuyée, agacée. Je ne pouvais dormir dans ma chambre. Je me suis rappelée que vous m'aviez dit que vous vous couchiez très tard. Alors je suis venue pour que vous me teniez compagnie...

LÉONARD.

C'est une excellente idée. (On frappe à la porte.) Je vous demande pardon. Quelques ordres à donner à la femme de chambre... (Il va au fond. A demi-voix, à Irma.) Attendez un peu.

SCÈNE V

LES MÊMES, IRMA.

IRMA.

Tiens! Vous êtes avec la demoiselle de compagnie. Ah! très bien! très bien! Je vois que vous n'avez pas besoin de société...

LÉONARD, vivement.

Mais si! Vous vous trompez! Vous vous trompez! J'ai plus besoin de société que jamais. Mais elle va s'en aller. Je vous en prie, revenez dans cinq minutes.

IRMA.

Pour sûr, que je ne reviendrai pas...

LÉONARD.

Alors c'est moi qui irai dans votre chambre.

IRMA.

Il faudra que vous fassiez sauter la porte !

LÉONARD.

Je vous garantis que je la ferai sauter.

Elle referme la porte. Il revient près de Vanina.

SCÈNE VI

VANINA, LÉONARD.

LÉONARD.

Alors, mademoiselle, qu'y a-t-il pour votre service ?

VANINA.

Oh ! comme vous avez l'air effaré et peu gentil...
Alors, quoi ? cet après-midi, quand vous vous disiez
mon ami, ce n'était donc pas sérieux ?

LÉONARD.

Mais si, mais si, c'était très sérieux...

VANINA,

C'est justement maintenant que j'aurais besoin
d'un ami, que vous me faites défaut.

LÉONARD.

Mais non, mais non, je ne vous fais pas défaut.
Dites-moi ce qu'il y a pour votre service, rapidement, afin que je puisse rapidement vous être
agréable.

VANINA.

Oh ! rien ne presse, maintenant, puisque je suis
auprès de vous. Vous savez, n'est-ce pas ? que Bertrand me trompe.

LÉONARD.

Mais non ! Mais non !

6

VANINA.

Ne me démentez pas. J'en ai pris mon parti. D'abord, j'ai pleuré comme une malheureuse. Je me suis dit : Je veux me venger de lui. Et j'ai eu un chagrin tellement vif, tellement intense, qu'il n'a pas duré. Je me suis dit instinctivement : Un pareil chagrin est intolérable. Il faut qu'il cesse. Je sais qu'il y a beaucoup de femmes qui attisent leur douleur. Moi, je ne veux pas souffrir. Seulement, pendant ma douleur, j'ai eu l'idée de me venger, parce que je m'ennuie et que ça me désennuiera. Vous allez donc me désennuyer. Il ne s'agit pas de me lire des vers. Il s'agit de me désennuyer comme vous voudrez. Mais enfin, c'est inouï ! vous paraissiez tant y tenir cet après-midi !

LÉONARD, la regardant avec ardeur.

Je vous demande pardon. Quand vous êtes venue, j'avais perdu l'espoir de vous revoir et j'avais pris éperdument un autre sujet de réflexion. Alors d'abord la combinaison des deux sujets... Mais je ne pense plus qu'à vous. Je vous assure que je me retrouve peu à peu l'homme de cet après-midi. Ainsi, c'est vrai ! c'est vrai ! Vous venez me voir ! vous venez me voir ! (Il la prend par les bras.) Vos bras ne sont pas si vigoureux... que je croyais. Mais ils me charment ainsi ! Ce sont les bras les plus délicieux de la terre ! Vanina !

Il la prend dans ses bras.

VANINA.

Ah ! je suis affolée ! je suis affolée !

LÉONARD.

Viens par là ! Viens par là !

VANINA, sursautant au moment d'entrer dans la chambre.

Oh ! j'ai perdu mon petit sac !

LÉONARD.

Quel petit sac ?

VANINA.

Un petit sac où j'ai des lettres. Je l'avais il y a
un moment... Je suis restée quelques instants as-
sise sur le banc, dans le jardin... C'est à cent pas
d'ici. J'ai dû le laisser là.

LÉONARD.

Je vais aller le chercher ! Mais, restez là... Je
reviens tout de suite, tout de suite !

Il sort en courant. Vanina, après quelques instants, entre dans
la chambre, premier plan à gauche.

SCÈNE VII

VANINA, IRMA.

IRMA, ouvrant la porte de gauche, du fond, aussitôt que Léonard
est sorti.

Pardon !

Elle va pour se retirer.

VANINA.

Qu'est-ce que vous voulez ?

IRMA.

J'étais descendue pour voir si monsieur n'avait

besoin de rien ?... Mais je vois que monsieur n'a besoin de rien. (Avec intention.) Bonne nuit, mademoiselle.

VANINA.

Je vous remercie. (Bruit, au fond, derrière la porte d'entrée.) Qu'est-ce que c'est ?

IRMA.

C'est la dame invitée.

VANINA.

J'aime autant ne pas la rencontrer.

Elle rentre dans la chambre du premier plan.

SCÈNE VIII

EMMELINE, suivie de DOMINIQUE, qui porte une valise, ouvre la porte de droite. IRMA.

DOMINIQUE.

Non, madame. C'est l'appartement de M. Léonard. La chambre pour madame, ce sera au premier.

EMMELINE.

Bon ! je vais monter au premier. (A Irma.) Ma chambre du château donnait sur l'étang. On entendait un bruit de grenouilles insupportable. J'ai demandé à madame de Vertal qu'elle me fasse coucher dans le pavillon.

IRMA, avec intention.

Au-dessus de M. Léonard ?

EMMELINE, d'un ton dégagé.

Il habite ici, M. Léonard?

IRMA.

Oui, madame. Dominique vient de le dire à madame. Mais madame ne le savait donc pas?

EMMELINE.

Il n'est pas rentré?

IRMA.

Il ne va pas tarder. Que madame l'attende. Il sera bien fâché si madame ne l'attend pas.

EMMELINE.

Alors, voulez-vous monter mon sac dans ma chambre ?

Sort Irma par la gauche, au fond : Dominique par la droite.

SCÈNE IX

DOMINIQUE, LÉONARD, EMMELINE, puis IRMA.

DOMINIQUE, en sortant.

Voici M. Léonard.

LÉONARD, à Dominique.

Qu'est-ce que vous voulez encore? A demain matin. Allez! Allez !

Il entre avec un sac à la main et s'arrête, interdit, en apercevant Emmeline.

EMMELINE.

Bonjour, monsieur Léonard.

LÉONARD, mal à son aise.

Bonjour... madame...

EMMELINE.

Qu'est-ce que vous avez?

LÉONARD.

Je n'y résisterai pas. Je ne suis pas encore malade positivement. Mais je vais tomber malade. Je ne puis pas vous expliquer. Laissez-moi vous dire seulement que, depuis quelque temps, je passe par des alternatives d'espoirs et de déceptions... Le destin, après m'avoir longtemps tenu rigueur, m'accable tout à coup de bonheurs en si grande abondance que je n'en puis profiter. Ils se font du tort l'un à l'autre... Qu'y a-t-il pour votre service?

EMMELINE.

Je suis votre voisine. J'habite dans le pavillon.

LÉONARD.

C'est gentil. Mais je vais souffrir encore comme la nuit dernière. Vous savoir si près et vous sentir inaccessible...

EMMELINE, brusquement.

Ecoutez. Je suis dans une crise d'énervement dont vous n'avez aucune idée. Profitez-en. Je veux qu'il y ait entre Bertrand et moi l'irréparable. Faites de moi ce que vous voudrez.

LÉONARD.

Vraiment? Vraiment? (Il la prend par la main et va du côté de sa chambre.) Pas là. Je vais vous rejoindre dans votre chambre. Dans cinq minutes, je serai à vos pieds.

EMMELINE.

Ne me laissez pas me ressaisir surtout.

LÉONARD.

Non, non, je vais tout de suite... A tout de suite. (Il la serre dans ses bras. Elle s'échappe et sort par la porte du fond, à gauche.) Non, pas par là ! Pas par là !

EMMELINE.

Ma chambre est en haut.

LÉONARD.

C'est ça, c'est ça, dans votre chambre !

Ils vont pour sortir par le fond, à gauche, quand Vanina sort de la chambre de gauche.

VANINA.

Eh bien ! Et mon sac ! (Elle voit Léonard qui tient Emmeline par la taille.) Ah ! bien, c'est pour ça que vous ne veniez pas !

EMMELINE.

Vous étiez dans cette chambre ! C'est charmant ! Bonjour, Mademoiselle. C'est la deuxième fois que nous nous rencontrons. Mais je crois bien que ce sera la dernière.

VANINA.

Je crois aussi, Madame. Au revoir, monsieur Léonard ! Merci de votre charmante hospitalité.

Elle sort.

IRMA, frappant à la porte.

Je venais voir si Madame avait la clef de son sac.

EMMELINE.

Non, non. Inutile de l'ouvrir. Je reprends ma

chambre du château. Venez avec moi, ma fille. Au revoir, monsieur Léonard !

LÉONARD.

Et elle emmène la bonne !

Il tombe accablé sur un fauteuil. Au bout d'un instant, entrent Jacqueline et Dominique.

SCÈNE X

LÉONARD, JACQUELINE, DOMINIQUE.
qui sort peu d'instants après.

JACQUELINE, à Dominique.

Alors vous n'avez pas vu Monsieur. Mais je veux demander à M. Léonard... Il l'aura vu sans doute. (Sort Dominique. Jacqueline, s'approchant de Léonard.) Monsieur Léonard ?

LÉONARD.

Ah ! c'est vous, maintenant... Bon ! Eh bien, si vous voulez bien, ça se passera tout de suite, parce que je ne veux pas encore être interrompu... (Il s'approche d'elle, Elle recule.) A la hussarde ! Il faut en finir ! Pour le moment, je suis ensorcelé ! Si le fait s'accomplit, l'ensorcèlement cessera... Alors il faut en finir !

Il la poursuit à travers la chambre.

JACQUELINE, de l'autre côté d'une table.

Mais enfin, qu'est ce que vous avez, Monsieur ? Vous êtes fou !

LÉONARD.

Ça veut dire que je sais ce que vous allez me dire, et qu'il faut m'épargner les préliminaires. Je sais ! Vous êtes furieuse contre Bertrand ! Vous voulez vous venger ! Vous m'avez choisi ! Eh bien, puisque c'est décidé, à quoi bon s'attarder dans des préambules ?

JACQUELINE

Mais qu'est-ce que vous racontez ? Je vous dis que vous êtes fou ! Je suis à la recherche de mon mari ! Et je venais voir s'il était ici.

LÉONARD, désespéré.

Bon ! Bon !... Je me disais aussi ! Je suis marqué... J'ai tort de lutter contre le destin... Rien ne s'accomplira, c'est entendu .. Je suis condamné à la chasteté éternelle... Je n'ai plus qu'à me soumettre... Adieu, Madame !

JACQUELINE.

Où allez-vous ?

LÉONARD.

Je m'en vais dans la campagne... On m'a dit qu'il y avait des grottes. Je m'en vais vivre dans une grotte...

JACQUELINE.

Vous n'avez pas de nouvelles de mon mari ?

LÉONARD.

Non, Madame. Adieu. (Il sort et rentre en ramenant Bertrand.) Voilà le mari en question.

SCÈNE XI

JACQUELINE, LÉONARD, BERTRAND.

BERTRAND, à demi-voix, à Léonard.

Qu'est-ce que ça veut dire ? J'étais là, dans le jardin. J'ai vu entrer successivement Vanina, Emmeline, et, maintenant, ma femme...

LÉONARD.

Et la bonne... la bonne que tu oublies. Ça veut dire, mon ami, que je suis marqué par le destin, et que je ne commettrai plus jamais le péché originel. Aussi vais-je dans ma grotte. Adieu, mon ami.

Il sort.

SCÈNE XII

BERTRAND, JACQUELINE.

BERTRAND.

Ce pauvre Léonard, il est fou !

JACQUELINE.

Il ne sait ce qu'il dit !

BERTRAND.

Mais il ne s'agit pas de Léonard...

JACQUELINE.

C'est vrai ! (Jacqueline et Bertrand restent un instant en

silence, sans rien dire.) Il va y avoir une explication entre nous !

BERTRAND.

A première vue, ça semble inévitable.

JACQUELINE.

Oh! j'ai horreur des scènes !

BERTRAND.

Et moi ! Mais comment se fait-il que vous ne les aimiez pas ? Il y a tant de personnes qui les aiment ! Vraiment, vous n'aimez pas les scènes?

JACQUELINE.

D'autant que je sais tellement tout ce que je vais vous dire et que j'entends d'avance ce que vous allez me répondre... Il va falloir que je commence par vous faire des reproches, je ne peux pas faire autrement... Je vais vous reprocher de m'avoir amené ici deux maîtresses...

BERTRAND.

Je vous assure que ce ne sont pas...

JACQUELINE.

Evidemment. C'est ce que vous devez me répondre : « Je vous assure que ce ne sont pas... » Je savais que vous me diriez cela, par convenance. Et vous pensez bien, n'est-ce pas, que je n'ajoute pas la moindre foi à vos dénégations. Allons! il est entendu que ce sont vos maîtresses...

BERTRAND.

Mais je vous assure...

JACQUELINE.

Je sais bien que vous ne pouvez pas l'avouer. Eh bien, n'avouez pas, mais admettons·le... pour abréger. Ce qui m'ennuie, mon cher Bertrand, c'est que vous me disiez non ! Cela me gêne. Cela me gêne de vous entèndre nier... Il me semble que vous me considérez comme une ennemie à qui on cache quelque chose... Eh bien que ces dames soient ce qu'elles sont... ce n'est pas cela que je vous reproche. Mais pourquoi êtes-vous venu hier me dire que vous vouliez mener avec moi une existence chaste et fraternelle ? Je comprends ça... avec deux maîtresses à côté !

BERTRAND.

Jacqueline, vous vous trompez tout à fait. Je vous affirme que je ne m'attendais pas du tout à trouver ces dames ici.

JACQUELINE.

J'aime mieux ça. Parce que, vous savez, il m'était très désagréable de penser que vous veniez me raconter des histoires et essayer de me rouler. Vraiment, vous ne vous attendiez pas du tout à trouver ces dames ?

BERTRAND.

Mais je vous en donne ma parole !

JACQUELINE.

J'aime mieux ça.

BERTRAND.

N'empêche que je suis un très grand coupable envers vous.

JACQUELINE.

Oh !... Comme cela me gêne de vous voir vous
accuser comme ça! Oh ! ce n'est pas du tout ce
que je répondrais à votre place, moi. Je m'attendais à ce que vous me parliez carrément, à ce que
vous me disiez : « Eh bien, oui, si j'ai eu deux
maîtresses, c'est que j'en avais un peu le droit ! »

BERTRAND.

Mais je ne dis pas ça du tout.

JACQUELINE.

Vous ne dites pas ça, et vous le pensez. Vous
pensez que mon attitude, vis-à-vis de vous, depuis notre mariage, a été si saugrenue qu'elle a
autorisé votre... inconduite... Je trouve le mot un
peu fort...

BERTRAND.

Mais le mot n'est pas trop fort...

JACQUELINE,

Si, si! Le mot est trop fort... En somme, vous
n'aviez pas de femme. Celle qui devait être votre
femme n'était plus votre femme... Alors vous étiez
obligé d'aller en chercher une autre, deux autres
à la rigueur... J'aime mieux que ça soit deux autres qu'une autre... « C'était mon droit ! » Voilà
ce que je voudrais vous entendre me dire avec
votre brutalité masculine... Mais vous n'avez plus
de brutalité masculine! Comme c'est gentil pour
moi !

BERTRAND.

Jacqueline, je vous assure que, très sincèrement

— et au fur et à mesure que vous me parlez, je le
sens davantage — je vous assure que je me sens
coupable envers vous. La scène de cet après-
midi...

BERTRAND.

BERTRAND.

JACQUELINE.

La scène de cet après-midi, nous n'en parlons
plus.

BERTRAND.

Mais...

JACQUELINE.

On n'en parle plus ! Vous disiez tout à l'heure
que vous ne vous attendiez pas à trouver ces deux
dames au château ! Rappelez-vous un peu ce que
vous avez dit !

BERTRAND.

Je vous ai dit ça !... Mais c'est tout de même
ma faute si elles sont venues ici...

JACQUELINE.

Oh ! mon ami, il n'y a aucun plaisir à avoir une
scène avec vous ! Vous ne vous défendez pas.
« C'est de ma faute ! C'est de ma faute ! » Je vous
dis, moi, qu'il n'y a pas de votre faute. et que,
s'il y a quelqu'un de coupable ici, c'est moi.

BERTRAND.

Oh ! Jacqueline !

JACQUELINE.

Taisez-vous ! Hier encore, je vous ai si mal
accueilli ! Après vous avoir repoussé jadis aussi
indignement, aussitôt que vous êtes arrivé, je me

suis jetée à votre cou comme une indécente... J'ai
honte de moi ! Je sais très bien que ce n'est pas
moi que vous êtes venu chercher ici.

BERTRAND.

Mais si !

JACQUELINE.

« Mais si ! Mais si ! » Vous n'êtes pas sincère !

BERTRAND.

Je le deviens.

JACQUELINE.

Ce que vous êtes venu chercher ici, je vais vous
le dire, moi : c'est la paix et le repos.

BERTRAND.

Pas tant que ça, pas tant que ça.

JACQUELINE.

Un repos absolu. Je sais ce que je dois être pour
vous : une amie, une sœur. Je ne vous ferai jamais de scènes ; d'abord, les amies ne font pas de
scènes, il n'y a que les bonnes amies... Nous nous
promènerons comme deux amis, ou, si vous aimez
mieux, comme un frère et une sœur, dans les allées
du jardin...

Elle lui prend le bras et fait quelques pas avec lui.

BERTRAND.

Alors, jamais on ne s'embrassera ?

JACQUELINE.

Jamais.

BERTRAND, l'embrasse sur la tempe.

Comme ça, tout de même, de temps en temps.

JACQUELINE.

A la rigueur, comme ça, ça sera permis.

BERTRAND.

Et comme ça ?

Il l'embrasse dans le cou.

JACQUEINE.

Ah ! non ! (En réfléchissant.) Si, comme ça.

BERTRAND.

Quand on sera fatigués, on s'assiéra... Asseyons-nous sur ce rocher. (Ils s'assoient sur le canapé.) Rien ne nous empêchera de nous tenir ainsi entrelacés. Et je pense que, de temps à autre, il sera permis de s'embrasser comme ça ?

Vivement, avec élan, il la prend dans ses bras et l'embrasse sur les lèvres.

JACQUELINE, quand ils se sont désenlacés, avec un soupir.

Comme ça aussi.

BERTRAND, convaincu.

C'est charmant, ces entretiens fraternels... Seulement, nous sommes assez mal installés ici. Nous pourrions aller là-bas, dans la maison.

JACQUELINE.

Oh! non! non!

BERTRAND.

Pourquoi non! non ?

JACQUELINE.

Parce que...

BERTRAND.

Pourquoi parce que ?

JACQUELINE.

Oh ! avec toutes ces personnes qui sont dans la maison...

On frappe.

BERTRAND, impatienté.

Qui est là ? Entrez !

SCÈNE XIII

DOMINIQUE, BERTRAND, JACQUELINE.

DOMINIQUE, entrant par la porte du fond, à droite.

Madame. Je cherchais madame pour dire qu'on avait attelé le break et la victoria. La demoiselle de compagnie et la dame invitée ont voulu se faire conduire à la gare pour prendre le petit train de nuit qui va à Chalon.

BEBTRAND, tout en regardant la chambre à coucher.

Et vous ne savez pas ce qu'est devenu M. Léonard ?

DOMINIQUE.

Oh ! Monsieur, on l'a vu qui courait comme un fou dans le jardin... Puis il est entré dans la maison et on a entendu un grand cri dans la chambre de la tante à Madame.

JACQUELINE.

Vous êtes allé au secours ?

DOMINIQUE.

Bien oui, mais la tante à Madame m'a crié : « On n'entre pas ! »

BERTRAND, vivement.

Allez, allez, c'est bien...

Rideau.

Imprimerie Générale de Châtillon-sur-Seine. — Euvrard-Picwat.

A LA MÊME LIBRAIRIE

ÉMILE FABRE

La Rabouilleuse, comédie en 4 actes (Couronnée par l'Académie française)... 3 »
La Vie publique, comédie en 4 actes. ... 5 »
Les Ventres dorés, pièce en 5 actes (Couronnée par l'Académie française)... 5 »

GEORGES FEYDEAU

Le Bourgeon, comédie en 3 actes. ... 5 »
La Main passe, pièce en 4 actes. ... 5 »
La Puce à l'oreille, pièce en 3 actes. ... 5 »

ALBERT GUINON

Décadence, comédie en 4 act. 5 »
Le Partage, pièce en 3 act. 5 »
Seul, comédie en 2 actes . . 5 »

ALBERT GUINON & BOUCHINET

Son père, comédie en 4 act. 3 »

ALBERT GUINON & J. MARNI

Le Joug, comédie en 3 act. 3 »

ROBERT DE FLERS et G. A. DE CAILLAVET

L'Amour Veille, comédie en 4 actes (Couronnée par l'Académie française)... 5 »
L'Ange du Foyer, comédie en 3 actes. ... 3 »
Le Cœur a ses raisons, comédie en 1 acte. ... 2 »
La Chance du mari, comédie en 1 acte. ... 2 »
Papa, comédie en 3 actes. . 3 »

MIGUEL ZAMACOÏS

Les Bouffons, comédie en 4 actes (Couronnée par l'Académie française)... 5 »

ALEXANDRE BISSON

La Femme X..., pièce en 5 actes. ... 3 »

G. A. DE CAILLAVET ROBERT DE FLERS et EMMANUEL ARÈNE

Le Roi, comédie en 4 actes. 5 »

LOUIS VERNEUIL

Pour avoir Adrienne, comédie en 3 actes ... 4.50
Traité d'Auteuil, comédie en 3 actes. ... 5 »

ANDRÉ PICARD

Jeunesse, comédie en 3 act. 3 »
Monsieur Malézieux, comédie en 1 acte. ... 2 »

TRISTAN BERNARD

Le Petit Café, comédie en 3 actes ... 3 »
L'anglais tel qu'on le parle, comédie en 1 acte. ... 2 »
Les Coteaux du Médoc, comédie en 1 acte. ... 2 »
Daisy, comédie en un acte. 2 »
Un Négociant de Besançon, comédie en un acte. ... 2 »

LOUIS BÉNIÈRE

Les Experts, com. en 1 acte. 2 »
Les Goujons, com. en 1 acte. 2 »
Papillon, dit Lyonnais le juste, comédie en 3 actes . 3 »
Tabliers blancs, comédie en 3 actes ... 3 »

EDMOND SÉE

L'Indiscret, comédie en 3 actes. ... 5 »
Saison d'amour, comédie en 3 actes ... 3 60

PIERRE WOLFF

Le Cadre, com. en 3 actes. 3 »
Le Secret de polichinelle, comédie en 3 actes ... 3 »

Imprimerie Générale de Châtillon-sur-Seine. — EUVRARD-PICHAT.